琉球独立への本標《ほんしるべ》

この111冊に見る日本の非道

宮平真弥

一葉社

はしがき

本書は書評集である。形の上では書評になっていない文章もあるが、基本的には筆者が多くの人に読んでほしいと思った文献の紹介である。例えば「近代沖縄と日本の国防」は、三木健著『八重山近代民衆史』を紹介したくて作成したようなものである。よって、どの論考も新しい資料を発掘して使っているわけでもなく、オリジナルな知見を示しているわけでもない。「本土」の人たちに知ってほしい事実を分かりやすく提示するという目的で作成されたものばかりだ。

近年、琉球民族独立総合研究学会が創設されるなど、沖縄独立が盛んに議論されるようになっている。筆者は独立学会の会員ではないが、大いに盛り上がって議論が深まれば良いと考えている。しかし、独立論への風当たりは強く、沖縄をテーマに研究している人たちの中にも、「排外主義」とか「偏狭なナショナリズム」といった批判を投げかける者が多いように感じている。もちろん批判は必要であるし、否定的な意見も参考にすべきではあるが、どうも的外れな批判が多いように思われる。まず、「本土」の住民はなぜ沖縄から独立の声が上がっているのか、その理由を

熟考することが必要ではないだろうか。どこまでも他人事としてしか沖縄を見ない「本土」住民や、研究のネタとしか沖縄をみない「本土」の沖縄研究者が当事者としての認識を持つこと、これが筆者の願いである。いったい誰のせいで沖縄住民は苦しみ続けているのか。ふだん沖縄人を日本人扱いしないでいて、沖縄人が「私たちは日本人ではないのですね、では独立します」と言うと、反発する日本人がいかに多いか。

ところで、日本の侵略戦争の犠牲者数を言える日本人が何人いるだろう。死亡者数をあげると、少なく見積もって、中国約一千万人、朝鮮半島約二〇万人、台湾約三万人、インドネシア約二〇〇万人、フィリピン約一〇〇万人、シンガポール約八万人、ベトナム約二〇〇万人、ミャンマー約五万人、マレーシア約五万人などである（小熊英二『日本という国〈増補改訂〉』イースト・プレス、二〇一一年）。現在でもこれらの地域の人たちは、日本国がしでかしたことを忘れてはいない。フィリピンの歴史教科書には以下のような記述がある。「日本軍に敵対するいかなる行動も処罰の対象となった。日本人を一人殺害すれば有力なフィリピン人を二人射殺するという軍の布告がだされた」「激しいゲリラ戦がフィリピン愛国者によって続けられ、日本軍にたえまなく痛手を与えた」。インドネシアの教科書にはこうある。「民衆は依然として収穫の八〇%を、日本軍に引き渡すよう強制された。……栄養失調で腹ばかりふくれた多くの人びとが死んでいった」「何千人ものロームシャは、二度と故郷に戻ることがなかった。彼らは、働かされていた森林で世を去ったのだ」「民衆の苦しみは、もはや耐え難いものとなっていた。ついに、日本に対する反乱がインドネシア各地で勃発した」（越田稜編著『アジアの教科書に書かれた日本の戦争　東南アジア編〈増補版〉』梨の木舎、一九九五年）。

以上はほんの一例であり、東アジア、東南アジア各国の教科書で、日本統治時代の日本人の蛮行が記述されている。そのさい、「抗日運動」にもふれている場合がある。「琉球独立論」はアジア各国で勃発した「抗日運動」の文脈で把握しなければならないのではないか。まず日本人の蛮行ありきなのである。つまり、琉球独立論とその背景を考えることは、独立を支持するしないに関係なく、日本国のことを知るために不可欠だと思われる。付け加えると、中国と台湾、南北朝鮮の分断とその後の対立も、もとをただせば日本人の引き起こした戦争、植民地支配によって生じている。昨今、在日コリアンへのヘイトスピーチが蔓延しているが、歴史の知識不足も原因の一つであろう。

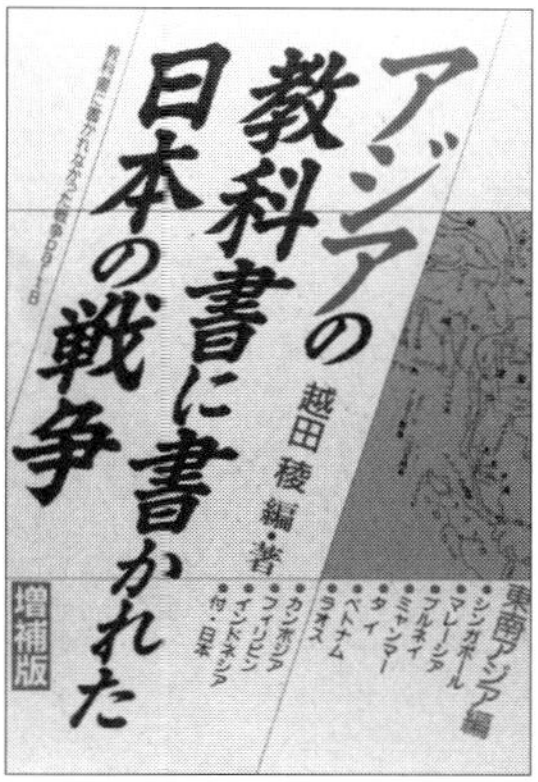

近年の歴史修正主義の跳梁跋扈は教育界やマスメディアにも浸透しつつある。日本の侵略戦争、植民地支配を美化するような言動は、被害にあったアジア各国の

人たちの尊厳を踏みにじるものだ（日本軍「慰安婦」問題などが典型である）。筆者は、沖縄出身日本「本土」在住者として、さしあたって、日本国が琉球・沖縄にしでかしたこと、現在しでかしていることを「本土」の人たちに伝えたい。ひいてはアジア各国でしでかしたことも知ってほしい。沈黙や無関心は沖縄差別に加担していることだと認識し、そこから脱却する方法を考えてもらいたい。本書で紹介した111冊の文献は、日本人が沖縄やアジア各国に対して何をしてきたのか、今後どうすべきなのかを考える上で参考になるものだと筆者は考えている。一冊でも二冊でも、本書で紹介した文献を読んでみて、その上で琉球独立を考える読者が出てくれば望外の幸せである。

なお、本書に収録した論考は、最初から一冊の本にすることを計画していたわけではなく、内容上の重複がいくつか見られるため、カットした箇所もある。それ以外はほぼ発表時のままとした。

２０１６年11月

宮平真弥

琉球独立への本標
——この111冊に見る日本の非道

目次

装画／大嶺政敏　協力・解説／大嶺　隆

「沖縄の子供」一九五二年〈カバー表・本扉〉

あなたがたが息する世界に、死んでいった魂が怒りをあらわにしても虚しいだけだろう。ミステリアスな目。しかし、オキナワの子供は、過去から未来に向けた「沖縄」を引き受ける。たとえ、その口が奪われても、オキナワは沖縄を主張する。

「ケラマ島集団自決供養」一九八七年〈表紙〉

この絵は幾つかの点で、大嶺政敏の失敗作である。一つは、得意とする「赤」の抑制がきかぬ芸術上の失敗である。妻の突然の死が絵筆を狂わせた。もう一つは、戦争の惨禍にのめり込みすぎて、見る側に対するバランス意識が欠けた。戦争というテーマの重さに、絵筆がついていけない。しかし、それでも、彼はこの絵を描いた。「沖縄」と向き合う姿勢だけは捨てなかった。

装丁／松谷　剛

I

歴史・事実・現況

沖縄は日本の固有の領土か？

はじめに

「固有の領土」という用語は、厳密には、「日本の政府と外務省が考えだした、きわめて政治的な概念」であり、「国際法上の概念ではまったくない」（豊下楢彦『「尖閣問題」とは何か』岩波書店、二〇一二年）。この点は、最後に検討するとして、さしあたって、「沖縄県は東京都や千葉県と同じようなレベルで、日本の一領域といえるのかどうか」を検討していく。

まず、以下の新聞記事を読んでいただきたい。

菅義偉官房長官は28日、政府が米軍普天間飛行場所属の米輸送機MV22オスプレイを使用した米海兵隊の訓練拠点を佐賀空港に移転する計画を見送る方針との報道に「（配備には）地元の了解を得ることが当然だと思う」との考えを示した。（『沖縄タイムス』二〇一五年一〇月二九日）

沖縄に基地を配備するときには住民の合意は不要とし、日本「本土」に配備する際には「地元の了解を得ることが当然」とする日本国の態度をどのように考えるべきか。なぜ、国は佐賀県には代執行訴訟（後述）を提起しないのだろうか。

国連人種差別撤廃委員会からは、以下の勧告がなされている。

> 国連の人種差別撤廃委員会は29日、日本政府に対し、沖縄の人々は「先住民族」だとして、その権利を保護するよう勧告する「最終見解」を発表した。「彼らの権利の促進や保護に関し、沖縄の人々の代表と一層協議していくこと」も勧告し、民意の尊重を求めた。琉球・沖縄の言語や歴史、文化についても、学校教育で教科書に盛り込むなどして保護するよう対策を促した。……沖縄の米軍基地問題に関して、委員から「地元に関わる問題は事前に地元の人たちと協議して同意を得ることが大変重要だ」といった指摘が相次いだ。
>
> （『琉球新報』二〇一四年八月三〇日）

近年、琉球民族独立総合研究学会が設立されるなど、

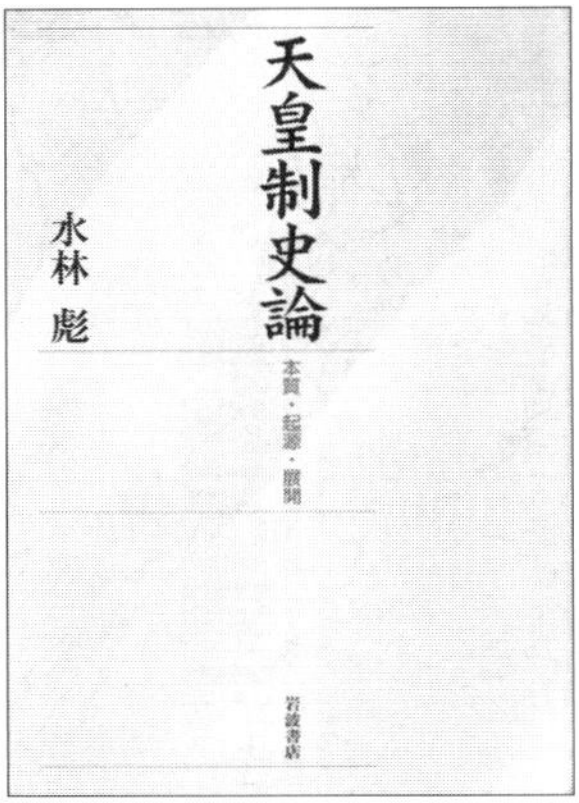

沖縄独立論がさかんに議論されるようになっている。このような主張が出てくる背景を「本土」の住民（筆者自身も含む）は検討する必要があると考える。

本稿は、以上のような問題意識を踏まえて、特に法制度上の違いに着目しつつ、日本と沖縄の差異を素描する。

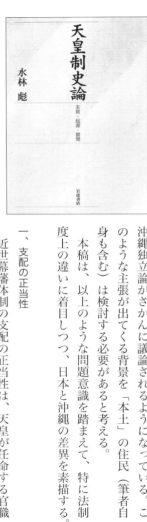

一、支配の正当性

近世幕藩体制の支配の正当性は、天皇が任命する官職によって担保された。水林彪『天皇制史論――本質・起源・展開』（岩波書店、二〇〇六年）によると、「支配関係は、裸の実力関係だけで存立・存続しうるものではな」く、豊臣秀吉、徳川家康は支配関係において「天皇の官吏の権力として正当化する道」を選択した。秀吉は関白の権力を、家康は征夷大将軍の権力を選択した。「厳密にいえば、征夷大将軍は徳川氏の武家支配のための権限に過ぎ」ないため、「統治権的支配のための権限として、内大臣などへの補任も必要とされた」。さらに「天皇制的権限体系は……大名にも及ぶところとな」り、元和武家諸法度は大名を国主とよび、「〈天皇―内大臣・征夷大将軍―国主〉の権威・権力秩序が構築される」。

これに対して琉球国の支配の正当性は、中国からの冊封と国家祭祀によって担保されていた。一四二九年、尚巴志が琉球を統一、首里城を整備・拡充し、中国、日本、東南アジアとの交易を行った。そして国王権力が正当であるとの中国皇帝からの承認（冊封）が、王権の支配の裏付けとなっていた。冊封のために中国から派遣された使節を冊封使といい、総勢四〇〇人におよんだ。

琉球の国家祭祀は、①祭祀（内容や日時、場所）が首里王府によって決められ、②祭司は女性で、首里王府から任命され、役俸を与えられ、③国家祭祀制度が国全体で確立・運営されたという特徴を持っていた。琉球の国家祭祀は「対外的に王権の正当性を担保する中国からの冊封と併せて、王権の正当性を担保」した（後田多敦『琉球の国家祭祀制度――その変容・解体過程』出版舎Mugen、二〇〇九年）。

一六〇九年に薩摩島津氏が約三〇〇〇の兵と八〇隻余の軍船で琉球国に攻め入り、尚寧王は開城して和睦を申し入れた。以降、島津氏は琉球から年貢を徴収し、琉球と中国の貿易を監督下に置くなど、「属国」のような地位に琉球を置くようになる。

薩摩侵攻によって、琉球の領土であった奄美大島等五島が島津氏の直轄地となり、現在でもこれらの島々は鹿児島県に属する。他方で、琉球王府の統治機構は存続した。島津氏は琉球を独立国としつつ「間接統治」したといえよう（なお、中国は琉球の領土を奪わず、年貢の徴収もしていない）。そうであるがゆえに、琉球国は一八六六年まで中国から冊封使を迎えており、また、一八五四

年にペリーと琉米条約、一八五五年にフランスと琉仏条約、一八五九年にはオランダと琉蘭条約を締結しているのである（薩摩侵攻から幕末の条約締結までの流れは、新城俊昭『教養講座　琉球・沖縄史』〈編集工房東洋企画、二〇一四年〉、豊見山和行編『日本の時代史18　琉球・沖縄史の世界』〈吉川弘文館、二〇〇三年〉参照）。

以上のように、近世幕藩体制において、琉球国は少なくとも形式的には独立国の体裁を保ち、天皇から官職、官位を受けることなく、王府は独自に支配の正当性を維持し、統治機構を備え、領土を統治していた。

二、「琉球処分」――主権喪失

明治政府は、一八六九（明治二）年に版籍奉還、一八七一（明治四）年に廃藩置県を断行し、国内の政治的統一を実現する。明治政府の当初の方針は、祭政一致、天皇親政であり、統治機構として、太政官の上に神祇官を置き、天皇の神格化を進め、天皇統治の正当性を神話的教義に求めていく。これは、市民層の形成を背景とする「社会契約」的な論理で編成された欧米諸国の国制とは性格を異にするものである（川口由彦『日本近代法制史 第2版』新世社、二〇一五年）。天皇の神格化は、国家権力を「臣民」に対する絶対的権力とし、対外膨張（侵略）を正当化する根拠ともなった。

一九四六（昭和二一）年の「新日本建設に関する詔書」（いわゆる天皇の人間宣言）には「朕と汝ら国民との間の紐帯は…天皇をもって現御神とし、且つ日本国民を以て他の民族に優越せる民族にして、延いて世界を支配すべき運命を有すとの架空なる観念に基づくものにあらず」との箇所がみられる。戦前・戦時中は、まさに「神国日本」が世界を支配すべきと観念されていたが、それは「架空なる観念」だったと述べている。

詔書中に「日本国民」は、「他の民族に優越する」とあるが、沖縄住民は「日本国民」なのか、「他の民族」なのか。まず、いわゆる「琉球処分」の概要をみていこう。

「本土」で廃藩置県が実施された際、琉球国は鹿児島県の管轄となった。翌年、政府は琉球国を琉球藩に改め、国王尚泰を藩王に封じ、華族に列することを決定した。その後、一八七九（明治一二）年三月二七日、松田道之内務大書記官を処分官に任命し、「琉球処分」を断行する。松田は、警察隊一六〇余名、熊本鎮台分遣隊約四〇〇名を

率いて首里城に乗り込み、琉球藩に「首里城明渡し」「藩王の上京」「土地、人民及び官簿その他諸般の引き渡し」等を命じた達書を渡し、処分を強行した。藩王は首里城を退去し、首里城は政府に接収された。政府は同年四月四日に琉球藩を廃して、沖縄県として中央集権体制に組み入れる廃藩置県を宣布した（赤嶺守「王国の消滅と沖縄の近代」〈豊見山和行編『日本の時代史18 琉球・沖縄史の世界』〉）。

西里喜行は、琉球国の「廃藩置県」について、「琉球王国にとっては『主権』の喪失を意味するし、……実質的な琉球王国の廃滅に他ならなかった。……日本史上の廃藩置県と異なることから、廃藩置県というよりも廃琉置県と称すべきだろう」と評している（『沖縄県史 各論編5 近代』沖縄県教育委員会、二〇一一年）。

こうして、日本国は直接琉球を天皇制の支配下に置いた。沖縄住民は、この段階で「他の民族」ではなく「日本国民」となったのであろうか。法制度については、沖縄県設置後も日本「本土」とは異なる領域が沖縄県には存在する。次に、近代沖縄の法制度をみていこう。

三、沖縄近代法——日本国の中の異法領域

政府は、御雇外国人のボアソナードに対して、琉球問題を諮問している。ボアソナードは、一

八七五（明治八）年、以下のように返答した。「琉球は、これまで天皇に従属していなかったので、日本の他の地方に比べると独立性が高い。琉球を日本の国家主権のもとにおいてもよいが、租税、兵事、政令、裁判制度などで多少の独立を許したほうがよい」（平塚篤編『續伊藤博文秘録』春秋社、一九三〇年）。

　ボアソナードが、「琉球は、これまで天皇に従属していなかった」と認識していたことは注目に値しよう。政府がこの意見をどの程度参考にしたかは不明だが、結果的には租税、兵事、政令、裁判等、多くの分野で「本土」と異なる制度が、沖縄県で実施されている（「多少の独立」と評価できるかどうかはともかく）。以下、分野別に概要を示す（近代沖縄の法制度の概要については、新城俊昭『教養講座　琉球・沖縄史』、および拙稿「一木喜徳郎の自治観と沖縄調査」〈法政大学沖縄文化研究所『沖縄文化研究』26号、二〇〇〇年〉参照）。

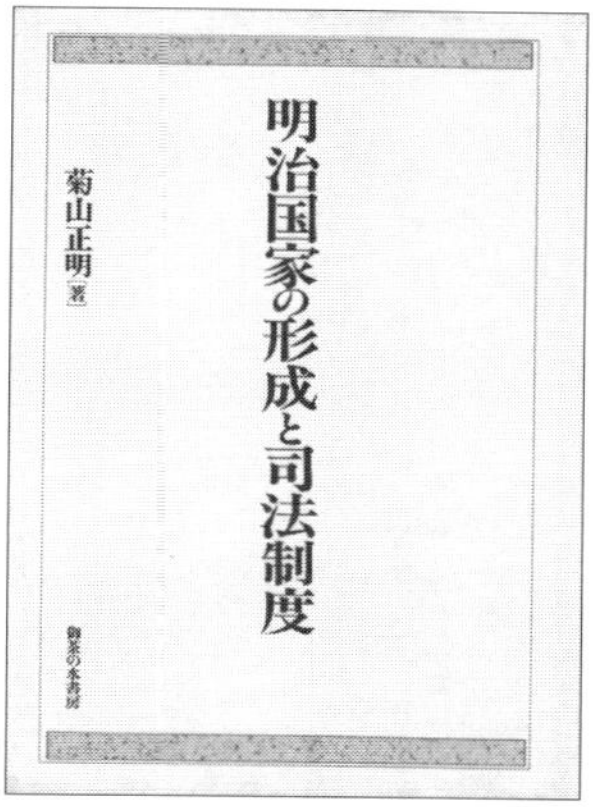

①沖縄統治機構＝沖縄県庁

　県庁の制度は、「他府県とは異なる人員構成・県庁機構」であった。すなわち「（初代県令の）鍋島県令自身が他府県人であり、……長崎県出身者が県庁の首脳から末端の官員に至るまで多数を占め……警察部門は鹿児島県出身者が多数を占め……長崎・鹿児島両県の藩閥的色彩がきわめて濃厚である」。その反面、「地元沖縄県出身者の県官は極端に少なく、また重要な役職からはずされている」という特徴があった（菊山正明『明治国家の形成と司法制度』御茶の水書房、一九九三年）。

②土地制度、租税制度

近世琉球には、耕地・宅地（山林、原野、海浜、墓地なども）とも村落による土地共有制が存在した。耕地の配分は、定期あるいは不定期に割り直される地割によって行われた。租税は、住民に土地を割り当てた上で、人頭割で負担させ、「石高制に完全に包摂されることのない、幕藩体制に対して相対的に独自な基礎構造を保持」していた（田里修「地割についての諸問題」〈田里修／森謙二編『沖縄近代法の形成と展開』榕樹書林、二〇一三年〉）。

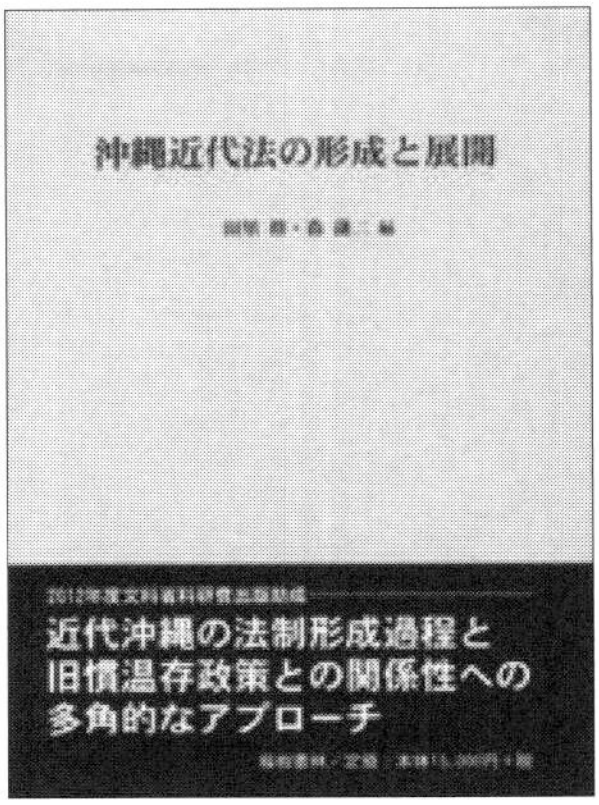

沖縄県設置後もこの制度が温存された。「本土」では、一八七三（明治六年）に地租改正が実施され、土地の測量を行ない、所有者及び租税負担者を確定し、地券が発行された。沖縄では一八九九（明治三二）年に土地整理事業（「本土」の地租改正にあたる）が開始され、一九〇二（明治三五）年に終了し、私的土地所有権が確立し、以降、地租条例、国税徴収法、民法等が導入されていく。

③地方制度

近世琉球の行政単位は、間切《まぎり》、村であった。間切には番所、村には村屋が置かれた。間切番所には百姓の有力者から任じられた地頭代等の役人が置かれ、村には掟という役人がおかれ、間切役人と連携して農村を管理した。このような地方制度が、沖縄県設置以降も温存された。「本土」では、一八八八（明治二一）年に「市制」「町村制」、一八九〇（明治二三）年に「府県制」「郡制」が制定され、地方制度の確立をみる。

沖縄県では、一八九九（明治三二）年に、間切会、島会といった地方議会が設置され、各村の総代が選んだ議員によって構成されたが、議会の長は民選ではなく知事の任命であり、議会の権限も郡役所の指導で作成された予算を形式的に議決するものでしかなかった。

一九〇九年（明治四二）年、特別県制によって、沖縄県会が設置されるが、他府県では、直接国税三円以上納付したものに選挙権が付与されたのに対し、沖縄県では選挙資格が町村会議員と区議会議員にのみ付与され、被選挙権も直接国税五円以上のものにしか与えられなかった。その後、一九二一（大正一〇）年に、「本土並み」の地方制度が導入される。

このように、沖縄では地方議会が設置されず、あるいはその権限が制限されており、日本政府は、大正期まで沖縄住民の意思を行政に十分に反映させる制度を設けなかった。

④国政参加

沖縄島への衆議院議員選挙法の実施は一九一二（大正元）年、宮古・八重山の参加は一九一九（大正八）年である。日本「本土」では、一八八九（明治二二）年に衆議院議員選挙法制定、翌年第一回総選挙が実施されている。日本政府は、大正期まで沖縄住民の意思を国政に反映させる手段

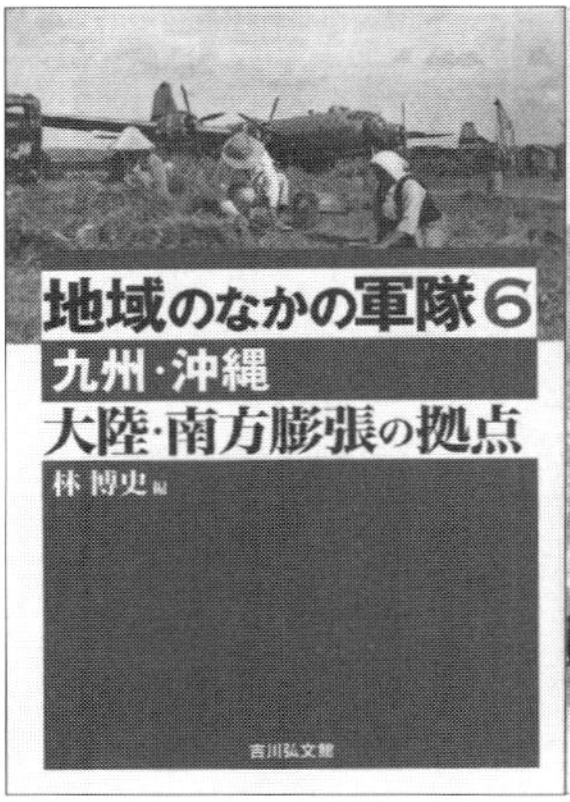

を設けなかった。

⑤裁判

「本土」でも明治初期は、地方官が判事を兼任していたが、一八七七（明治一〇）年に兼任制度は廃止、各地に地方裁判所が設置され、行政と司法の分離が実現する。沖縄県では一八七九（明治一二）年の県庁発足時から地方官と判事の兼任制度が存続した。このことは、「沖縄県令は国家法の県内施行の可否をも決定する権限を獲得した」ことを意味する。行政機関から独立した裁判所が設置されるのは一八九一（明治二四）年一二月二五日だった（菊山正明「沖縄統治機構の創設」〈『新琉球史　近代・現代編』琉球新報社、一九九二年〉、および菊山正明『明治国家の形成と司法制度』）。

⑥兵事

「本土」で徴兵令が公布されたのは一八七二（明治五）年だが、沖縄県では、一八九八（明治三一）年に実施された。また、沖縄県は歩兵連隊が設置されなかった数少ない県であるが、その理由として林博史は「もともと琉球王国を軍事的に併合した土地であり、沖縄出身兵への不信感が軍中央にあったのではないか」と記している（林博史「日本軍と沖縄社会」〈林博史編『地域の中の軍隊6 大陸・南方膨張の拠点：九州・沖縄』吉川弘文館、二〇一四年〉）。

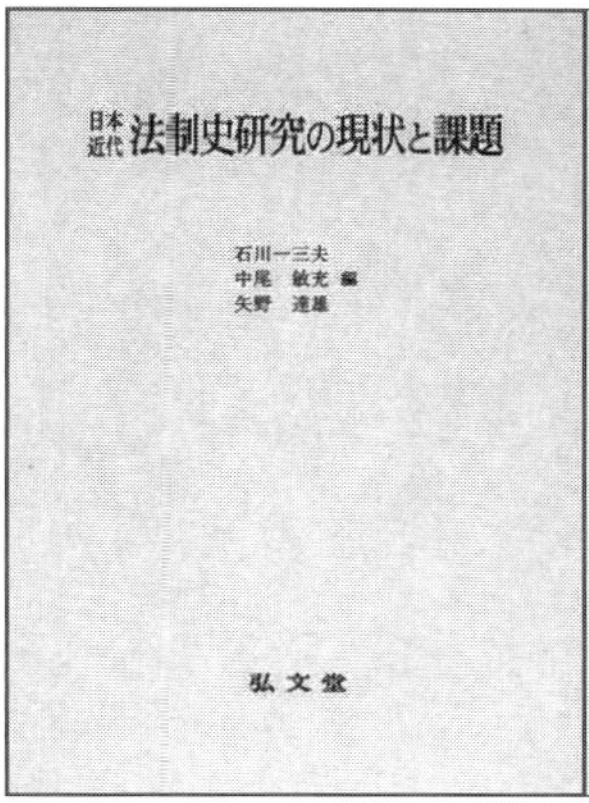

なお、矢野達雄は「沖縄近代法」という概念について次のように説明する。「『沖縄近代法』とは、明治一二（一八七九）年廃藩置県＝琉球処分から、大正一〇（一九二一）年地方制度における一般制度入りまでの時期において沖縄県で行われた法を指す。この時期の法は〈日本の国家法〉、〈沖縄県の法令〉、〈沖縄固有法〉の三層構造をなすものとして捉えられる」（矢野達雄「『沖縄近代法期』における地方制度の位置」〈田里修／森謙二編『沖縄近代法の形成と展開』〉）。

内容的には、国政参加や地方自治が「本土」と較べて制限されていた時期が長く、近代的土地所有権など私権の導入も遅れたことがわかる。これらの点では、日本国の初期沖縄統治策は、他府県よりも植民地との類似がみられる（植民地法制については、山中永之佑／藤原明久／中尾敏充／伊藤孝夫編『日本現代法史論――近代から現代へ』〈法律

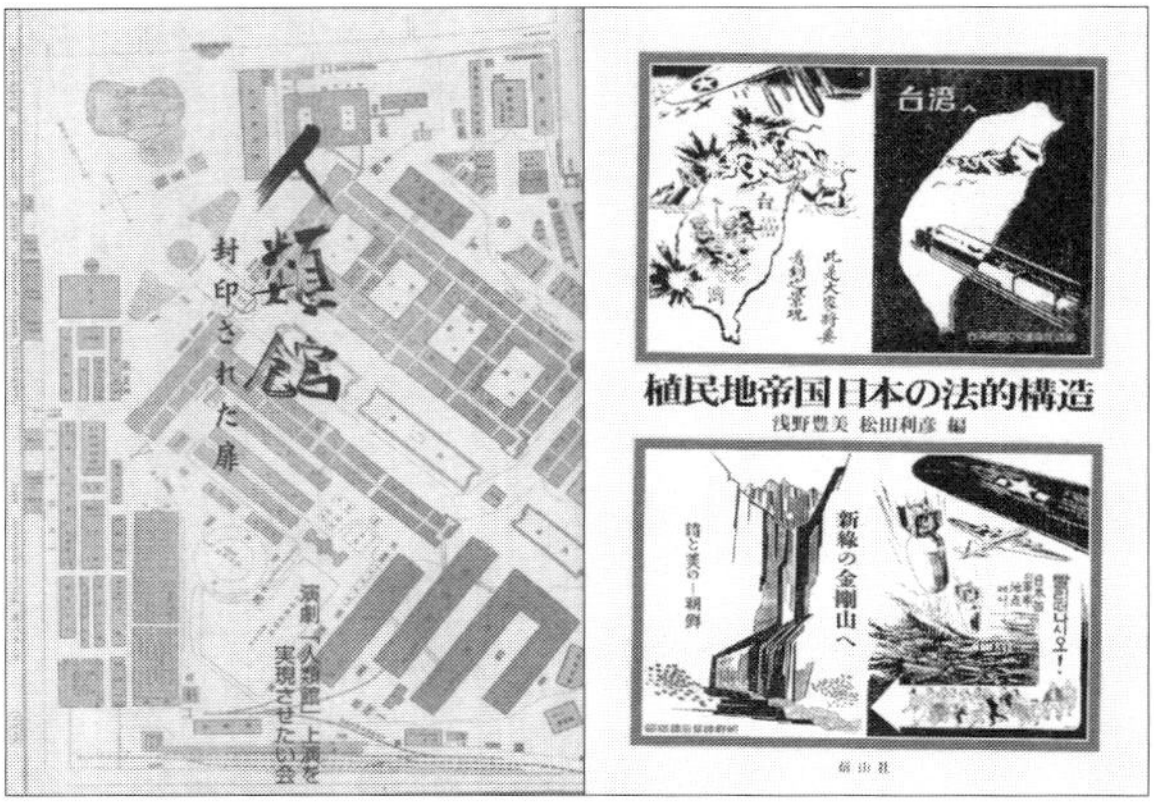

文化社、二〇一〇年〉、石川一三夫／中尾敏充／矢野達雄編『日本近代法制史研究の現状と課題』〈弘文堂、二〇〇三年〉、浅野豊美／松田利彦編『植民地帝国日本の法的構造』〈信山社、二〇〇四年〉等を参照されたい）。例えば、台湾、朝鮮への衆議院議員選挙権付与は一九四五（昭和二〇）年、徴兵制施行は朝鮮一九四四年、台湾一九四五年。台湾には首長民選の地方議会は設置されなかった。

明治から大正時代にかけて、日本政府は、法的には、沖縄住民に対して「日本国民」とは異なる扱いをした。では、法制度が「本土」と同じものとなった大正末期以降、沖縄住民は、「日本国民」となっていくのだろうか。

一九〇三（明治三六）年、第五回内国勧業博覧会において、会場外の学術人類館という民間パビリオンで、「内地人に近い異人種とされた人々が生身で『展示』され」るという事件が生じており、「展示」されたのは、アイヌ、台湾生蕃、琉球、ジャワ、バルガリー等の人たちだった。中国人、朝鮮人も予定されていたが、同胞の抗議により「展示」は取り消された（演劇「人類館」上演を実現させたい会編著『人類館・封印された扉』アットワークス、二〇〇五年）。「展示」（予定含む）されたのは、日本国が領土、主権を奪いあるいは奪おうとした地域の人たちばかりだ。

人類館事件は、日本国・社会と沖縄・植民地との関係を象徴しており、日本兵の沖縄戦での残虐行為を予感させるものだった。

四、沖縄戦――日本軍独裁支配

沖縄戦では、日本兵による住民虐殺などの残虐行為が頻発した。すなわち、「傷害や未遂事件のほかスパイ嫌疑、集団自決、食糧強奪、壕追い出し、朝鮮人虐殺・虐待、米兵捕虜殺害など」が発生している（比嘉克博『琉球のアイデンティティ――その史的展開と現在の位相』琉球館、二〇一五年）。

法制度からみた沖縄戦の特徴は、軍機保護法による特殊地域に指定されたこと及び法的根拠なく未成年者を参加させたことである。

一九四四（昭和一九）年一一月一八日、「極秘報道宣伝防諜等ニ関スル県民指導要綱」が沖縄守備隊三二軍によって作成されているが、もとの文書である「決戦輿論指導方策要綱」には、「総力戦体制ヘノ移行ヲ急速ニ推進シ軍官民共生共死ノ一体化ヲ」と記されている。そして

沖縄県当局が実行すべき項目に、「個人生活ハ国家ト共ニ存スルコトヲ知ラシメ総テ戦争完遂ノ一途ニ集中シ以テ敵愾心ヲ旺盛ナラシメ奉公心ヲ昂揚セシム」「報道宣伝ハ自主的計画的ニシテ全機関ハ軍ノ完全ナル統制ノ下ニ実施ス」が挙げられている（我部政男「沖縄戦争時期のスパイ（防諜・間諜）論議と軍機保護法」〈『沖縄文化研究』42号、二〇一五年〉。なお一九三七〈昭和一二〉年に制定され、一九四一〈昭和一六〉年に改定された軍機保護法施行規則は、航空禁止区域に「北緯31度以南ノ鹿児島県及沖縄県ノ諸島」をあげ、地理的な情報収集禁止地域の一つとして「奄美地域、琉球・沖縄地域」をあげている〈我部政男「軍機保護法とスパイ（防諜・間諜）論議」《山梨学院大学『法学論叢』75号、二〇一五年》。軍機保護法の概要については、藤原彰／雨宮昭一編『現代史と「国家秘密法」』〈未來社、一九八五年〉参照）。沖縄住民の生産、生活、生命すべてが日本軍への「奉公」に供され、住民の存在そのものが軍隊の独裁支配下に置かれたことがわかる。

一九四四（昭和一九）年、沖縄県は「軍機保護法ニ依ル特殊地域ト指定セラレアル等、防諜上極メテ警戒ヲ要スル地域」とされ、日本軍は「県民を総スパイ視」した。戦場でスパイ視されることは「軍機保護法が拡大解釈され、ただちに処刑されることを意味していた」（石原昌家「沖縄戦の諸相とその背景」〈『新琉球史　近代・現代編』〉）。実際、「『沖縄語をもって談笑したものは、スパイと見なして処刑する』。このような布告がだされていたから、スパイの容疑をかけて処刑するのは難しくな」く、中年以上のものは沖縄語しか話せないものが多かったから、「容疑をかけるのは簡単だった」との元日本兵の証言がある。米兵と接触するだけでも容疑がかけられ、「沖縄住民を処刑するか否かは、日本軍将兵のさじ加減一つで決まった」（國森康弘『証言 沖縄戦の日本兵――六〇年の沈黙を超えて』岩波書店、二〇〇八年）。

住民虐殺事件の原因は、①防諜（スパイ嫌疑）、②捕虜に対する報復、③陣地暴露の防止（幼児虐殺など）、④食料確保、⑤壕確保等であるが、「そのすべてが、防諜、諜報に関係している」（我部政男「沖縄戦争時期のスパイ（防諜・間諜）論議と軍機保護法」）。

また、沖縄戦には、一七歳から満四五歳までの男子は防衛隊に、中学生以上の男女生徒は学徒隊に編成されたが、「学徒隊への参加は法的根拠がなかったため、生徒の志願による義勇隊の形式がとられた」（未成年者を戦場動員する義勇兵役法の施行は、沖縄で司令官指揮による戦闘が終了した六月二三日以降）。沖縄県内の学徒のうち、男子一四八九名、女子四一四名が亡くなっている。男子は戦場の最前線で通信兵や特攻斬り込み兵として、女子は病院に配属されたが、戦場を軍とともに行動していたので、銃弾に倒れる者も多かっ

た（新城俊昭『教養講座　琉球・沖縄史』）。

法の拡大解釈による虐殺、法的根拠なく未成年者を動員し、戦死させるといった無法に近い状態に置かれたのが沖縄戦であった。ここに法治はなく、「日本軍将兵のさじ加減」が沖縄住民を支配したのである。

なお、明田川融は、「本土」の人々の沖縄人への差別意識と沖縄人の「本土」の人々に対する違和感が縦糸となり、「戦時の『民』に対する『軍』の優越的態度が横糸となって、沖縄戦のさまざまな悲劇的事件を編み出していった」という日本兵の証言を紹介している（明田川融『沖縄基地問題の歴史――非武の島、戦の島』みすず書房、二〇〇八年）。

我部政男も、「地域特異性」と「歴史の違い」が国民の意識の違いを生み、「国家に新しく参入した（させられた）琉球・沖縄人は明らかに遅れてきた日本人であり」「差別意識と称してもいい」格差が生じたとする。また、沖縄戦における「緊張状態」は、「植民地支配地域では日常的に作り出されていた。同一化政策による言語の使用、治安立法等をみれば明らかである。植民地支配を強権的な政治手段で見るならば、戦時における人民支配のあり方と共通する側面が多い」と記述している（我部政男「沖縄戦争時期のスパイ（防諜・間諜）論議と軍機保護法」）。

沖縄では大正期以降、法制度は「本土」と同様のものになっていた。しかし、沖縄戦の開始は、沖縄に適用される法や命令が「平時の植民地」に最接近する事態をもたらした。軍機保護法は「本土」でも施行されているが、その影響をもっとも強烈に受けたのは、地上戦を経験した沖縄であることは明白だろう。そして、アジア・太平洋戦争における地上戦は「全て帝国主義国家日本の『植民地』で起こっている」ことも忘れてはならない（比嘉克博『琉球のアイデンティティ』）。

五、米軍独裁支配

日本「本土」では、一九四五（昭和二〇）年の敗戦後、いわゆる「戦後民主主義」の時代を迎える。一九四五年一〇月、マッカーサーは、「婦人の解放」「労働組合の結成奨励」「学校教育の自由化」「専制政治の廃止」「経済機構の民主化」といった五大改革指令を幣原喜重郎首相に要求する。また一九四七（昭和二二）年五月三日には、「国民主権」「平和主義」「基本的人権の保障」を柱とする新憲法が施行された。新憲法には地方自治の項目が加わり、地方自治法（一九四七年法律六七号）とあいまって、自治体に住民の直接選挙により選ばれる長と議会が置かれ、住民の条例制定改廃請求権など直接民主制的制度も導入された（渡辺洋三他編『現代日本法史』岩波書店、一九七六年）。

一九四五年四月、沖縄島に上陸した米軍は、ニミッツ

布告を発し、日本国の全ての行政権を停止し、南西諸島を「米国海軍政府」の管轄に置くことを宣言、以降一九七二（昭和四七）年まで沖縄は米国の支配下に置かれる。

一九五一（昭和二六）年、サンフランシスコ平和条約により日本国は独立したが、同条約第三条で、南西諸島、南方諸島、沖の鳥島、南鳥島は米国の施政権下に置かれることになった。すでに一九五〇（昭和二五）年に米国は、沖縄を支配する機関を軍政府から「琉球列島米国民政府（USCAR）」（以下、米国民政府とする）に名称変更しており（実態は軍政府と変わらない）、その後一九五二（昭和二七）年に、沖縄住民による琉球政府が設立された（それ以前には、沖縄諮詢会、沖縄民政府、沖縄群島政府などがあった）。琉球政府は、形式的には、立法（立法院）、行政（行政主席）、司法（琉球政府裁判所）の三権を備えていたが、上位機関として米国民政府が立ちはだかっており、沖縄住民の自治は様々な制約を受けた。琉球政府の行政主席（行政の長）は民選ではなく、米国民政府の任命だった（新城俊昭『教養講座　琉球・沖縄史』。一九六八年に、ようやく公選行政主席が誕生している）。

一九五七（昭和三二）年、米国民政府の長は、退役軍人の中から選任される高等弁務官となった。その権限は、琉球政府の行政主席の任命権、琉球政府民立法の拒否権、琉球政府の公務員の罷免権、パスポートの発給権限などであり、「絶対君主」のような存在であった。

平和条約発効後、法令の順位はおおむね以下のようなものである。まず平時国際法・条約、大統領の行政命令、米国議会による沖縄に関する制定法があり、それらに反しない範囲で、米国民政府は布告、布令、指令を発する。さらにその範囲内で、旧日本法、琉球政府による立法、市町村の条例が効力を認められた（垣花豊順「米国の沖縄統治に関する基本法の変遷とその特質」〈宮里政玄編『戦後沖縄の政治と法——1945-72年』東京大学出版会、一九七五年〉）。

要するに、沖縄は、住民の代表が議会で制定した法律によって権力を拘束するという意味での「法治」の領域がきわめて狭く、軍の命令による支配（人治）が主流となっていた。こうして見ると沖縄は、戦時中は日本軍、戦後は米軍による軍部独裁支配下にあったといえる。とりわけ米軍統治時代は、日本国憲法からも米国合衆国憲法からも「放置」されていた。以下、いくつか具体例をみていく。

米軍統治時代、琉球諸島の出入には米国民政府発行のパスポート（旅券）が必要だったが、「反米的な政治家や労働運動指導者、学生運動家などの発給申請を理由もなく拒否し、政治弾圧、思想弾圧の手段」となった（仲宗根勇『沖縄差別と闘う——悠久の自立を求めて』未來社、二〇一四年）。渡航拒否された者は約二〇〇〇人、瀬長亀次郎は一六回「本土」への渡航を拒否され、「本土」からは中野好夫が旅券発行を拒否され、沖縄に入れなかった（沖縄人権協会編著『戦後沖縄の人権史——沖縄人権協会半世紀の歩み』高文研、二〇一二年）。

一九五三（昭和二八）年、米国民政府は土地収用令を発し、武装兵を動員して「銃剣とブルドーザー」で住民の土地を奪った。琉球政府立法院は土地収用令の撤廃を決議したが、米国民政府はとりあわなかった（新城俊昭『教養講座　琉球・沖縄史』）。

一九五四（昭和二九）年、米国民政府は、民政布令１４５号「労働組合の認定手続」によって、組合結成の制限を強め、人民党（米国民政府から反米的とみられていた）の影響下にあった組合を消滅させた。一九五六（昭和三一）年、人民党の瀬長亀次郎が那覇市長に当選すると、米国民政府は、「改正市町村議会議員及び市町村長選挙法」等を布令によって改正し、瀬長市長を追放した（幸地成憲「米国の統治政策と労働立法・労働政策」〈宮里政玄編『戦後沖縄の政治と法――１９４５－７２年』〉）。

「本土」と異なり沖縄では「軍国主義者の追放令もなく、言論や結社の自由を謳歌し政党や労働組合の結成を奨励するようなこともな」かった。一九四七（昭和二二）年の特別布告23号は、政党が占領軍の政策や占領軍の指令によって行われる沖縄民政府（一九四六～一九五〇年まで存在した行政機関）の行政活動を非難する目的をもって、演説したり印刷物を流布することを禁じた（比嘉幹郎「政党の結成と性格」〈宮里政玄編『戦後沖縄の政治と法――１９４５－７２年』〉）。

刑事裁判について簡単にみていく。米軍統治以前、三二軍が沖縄に駐屯した一九四四（昭和一九）年以降、日本兵による性犯罪が多発していた。日本軍の文書に「本島に於ても強姦犯罪多くなりあり」といった警告が繰り返しみられるが、三二軍軍法会議の資料には、強姦などの性犯罪を処罰した例は見当たらず、「日本軍が性犯罪に対してきわめて甘かったことがわかる」（林博史『暴力と差別としての米軍基地』かもがわ出版、二〇一四年）。

米軍支配下の沖縄には、琉球政府裁判所、米軍の軍法会議、そして琉球列島米国民政府裁判所があった。一九六三（昭和三八）年、布令144号と布告8号を改正し、米国民政府裁判所に刑事陪審制度が導入された。沖縄住民が陪審裁判の被告人となったり、陪審員として参加する規定もあった（小沢隆司「琉球列島米国民政府裁判所の陪審制度」〈浦田賢治編著『沖縄米軍基地法の現在』一粒社、二〇〇〇年〉）。

米軍人・軍属の犯罪については、米軍当局に裁判権があり、また琉球政府の警察官は現行犯でなければ米軍人・軍属を逮捕できず、逮捕した場合も、米国陸・海・空軍の憲兵隊又は海岸警備隊に身柄を引き渡さなければならなかった。よって「米兵の中には罪を犯したときでもともかくも基地の中に逃げ込めるとの感覚が助長され」た（小西由浩「刑事法から見る『日米地位協定』」〈沖縄国際大学公開講座委員会編『基地をめぐる法と政治』編集工房東洋企画、二〇〇六年〉）。

以上のように、「戦後民主主義」に転換した日本社会と較べて、沖縄はかけ離れた状態に置かれていた。

その結果、沖縄住民は、米兵の犯罪、事故、騒音、汚染によって戦場さながらの経験を強いられた。一九四八年、米軍弾薬庫爆発で民間の船舶が巻き込まれ一〇六人死亡。一九五一年、米軍機のガソリンタンクが民家に落下し親子ら五人死亡。一九五九年、宮森小学校に米軍機が墜落し一七人死亡、二一〇人負傷。一九六八年、B52爆撃機が墜落、民家三〇〇戸が損害を受ける、といった事故が毎年のように発生している。また、ベトナム戦争で使用された枯葉剤が、ベトナムへの発進基地とされた沖縄に大量に貯蔵されており、ベトナム戦争終盤にエージェント・オレンジが使用禁止になると、米軍は普天間飛行場に埋めたという（ガバン・マコーマック＋乗松聡子『沖縄の〈怒〉——日米への抵抗』法律文化社、二〇一三年）。

そして、沖縄返還後も沖縄の米軍基地はほとんど減少せず、米兵の犯罪、事故、騒音、汚染は現在も続いている。

六、沖縄返還以降——米軍独裁支配を引き継ぐ日本国の立法・行政・司法

今日、日本の米軍基地（専用施設）の約74％が沖縄に存在すると言われるが、一九五二（昭和二七）年の時点では、日本「本土」の米軍基地は約一三万五二〇〇ヘクタール、沖縄のそれは約一万六〇〇〇ヘクタールだった（「本土」の約八分の一）。その後、「本土」の米軍基地が整理・縮小されるのと反対に沖縄の基地面積は増大し、一九六〇（昭和三五）年時点で、「本土」約三万三五〇〇ヘクタール、沖縄約三万四〇〇ヘクタールと、ほぼ同規模になる。沖縄返還の一九七二（昭和四七）時点で、「本土」約一万九七〇〇ヘクタール、沖縄約二万七八〇〇ヘクタールとなり、二〇一四（平成二六）年時点で「本土」約八〇〇〇ヘクタール、沖縄約二万二七〇〇ヘクタールである（平良好利「米軍基地問題は日本全体の問題だ 同情や批判にとどまらない挑戦を」〈『Journalism』３０４号、二〇一五年九月、朝日新聞社〉）。

かかる事態は、「本土」にあった基地が沖縄に移転した結果である。沖縄返還後、「本土」との基地負担の差は拡

大しており、それは国会によって推進された側面がある。

まず、沖縄返還の直前、一九七一（昭和四六）年に、日本国の国会は「沖縄における公用地等の暫定使用に関する法律」（以下、公用地法とする）を制定し（施行は一九七二年五月一日）、沖縄返還後も引き続き、米軍用地を強制使用する。公用地法は、米軍に自分の土地を提供することを拒否するいわゆる反戦地主の土地をも強制的に借り上げることを可能にした。しかも、同法は沖縄だけに適用される法律であり、本来なら憲法九五条に規定される住民投票が必要な立法であるが、住民投票は実施されなかった。同法は、五年間の時限立法であったため、一九七七（昭和五二）年に、いわゆる地籍明確化法が制定され、その附則で、同法の適用期間を五年間延長した（沖縄人権協会編著『戦後沖縄の人権史――沖縄人権協会半世紀の歩み』）。

一九八二（昭和五七）年に、前記の延長が期限切れとなると、日本政府は、「本土」では一九六一（昭和三六）年以降適用例がなかったいわゆる駐留軍用地特措法を沖縄に適用したが、「以後ずっとこの法律は沖縄にのみ適用されて」おり、「形式的にはともかく、実質的には一地方公共団体にのみに適用される法律である」（沖縄人権協会編著『戦後沖縄の人権史――沖縄人権協会半世紀の歩み』）。

ところで、政府が地主から強制的に土地を奪って米軍に提供するには、駐留軍用地特措法の以下の手続きが必要である。まず、沖縄県収用委員会への申請が必要だが、その際、土地・物件の目録調書に地主が立ち会って署名する必要がある。地主がこれを拒否した場合は、その土地がある市町村長が代行する。市町村長が代行を拒否した場合は、県知事が代行する。一九九五（平成七）年、沖縄県知事大田昌秀がこの代行を拒否したため、国は知事に対して、立会・署名をすることを求め、裁判所に訴を提起した。いわゆる職務執行命令訴訟である。最高裁まで争われるが、一九九六（平成八）年八月二八日、沖縄県敗訴が確定した（新崎盛暉『沖縄現代史 新版』岩波書店、二〇〇五年。厳密には、土地調書・物件調書に署名後、関係書類を関係者に周知徹底させるための公告・縦覧を市町村長に求める手続きが必要で、市町村長がこれを拒否した場合、県知事が代行する。公告・縦覧が終わると「公開審理」を実施し、この結果を踏まえて収用委員会は裁決を行う）。

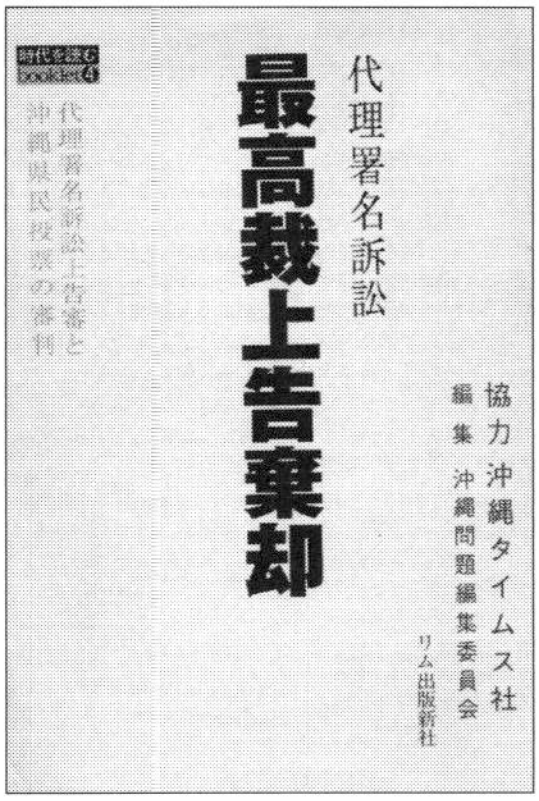

職務執行命令訴訟上告審（上告人は沖縄県知事、被上告人は内閣総理大臣橋下龍太郎）における沖縄県知事の主張は以下のようなものである。

「駐留軍用地特措法は、憲法前文、九条、及び一三条で保障された平和的生存権を侵害し、憲法二九条三項の財産権制約の法理に反し、憲法三一条の適正手続の保障を侵害した違憲無効の法律であるから、上告人は本件署名等代行事務の執行を拒否することができる」（上告理由書。沖縄問題編集委員会編『代理署名訴訟 最高裁上告棄却――代理署名訴訟上告審と沖縄県民投票の審判』リム出版新社、一九九七年)。

「沖縄の多くの人々は、自らの苦しみを他所へ移すことを望んでいません。しかし、安保条約が日本にとって、重要だと言うのであれば、その責任と負担は全国民が引き受けるべきではないかと思っています。そうでなければ、それは差別ではないか、法の下の平等に反するのではないかと県民の多くは主張しているのです」(上告人意見陳述要旨。沖縄問題編集委員会編『代理署名訴訟 最高裁上告棄却』)。

一九九七(平成九)年、駐留軍用地特措法が改定され、収用委員会の裁決が出るまで暫定使用できる上、裁決に起業者(那覇防衛施設局長)が不満であれば建設大臣に審査請求することができ、審査期間中、いつまでも強制使用できることになった。この改定に、衆議院議員の九割、参議院議員の八割が賛成し、「日本の政治が沖縄の世論を押しつぶす」結果となった(新崎盛暉『沖縄現代史 新版』)。

さらに一九九九(平成一一)年には、地方分権推進一括法案が、「沖縄選出の議員と共産党などごくわずかが反対しただけで、圧倒的多数の賛成で可決・成立した」が、その結果、「米軍に提供する土地に関しては、私有地であれ、公有地であれ、総理大臣の一存で、取り上げることができるようになった」(新崎盛暉『沖縄現代史 新版』。具体的には、土地調書・物件調書の代理署名、関係書類の公告・縦覧の代行手続を市町村長や知事から取り上げ、総理大臣の事務にし、収用委員会が裁決を早急に下さない場合や申請を却下した場合、総理大臣が代行裁決できることになった)。

これら一連の立法は、人権侵害を推進するものである。戦時中であれば日本軍、米国支配下であれば高等弁務官や米国民政府の命令にその責任を押しつけ、横暴であると非難すればよかった。しかし、前記の諸立法は、日本国の国会で「圧倒的多数の賛成」によって制定、改定されている。このような議員を選んだ日本の有権者には、沖縄に基地を集中、固定化する差別立法を成立させた責任の一端があると考えられる。

以上、沖縄返還以降、米軍の命令に代わって日本国の立法、行政、司法が「三位一体」となって、沖縄住民に基地負担を強いてきたことがわかる。この状況は今も続いている。

周知のように、二〇一五（平成二七）年、日本国と沖縄県の法廷闘争が始まった。

二〇一四（平成二六）年、名護市長選挙、衆議院議員選挙、沖縄県知事選挙において沖縄の有権者は、辺野古新基地建設に反対する候補者を当選させている。前回の選挙で、選挙前に辺野古新基地反対を掲げて当選し、その後公約を覆して辺野古新基地容認に寝返った仲井眞前知事、自民党の議員を沖縄の有権者は許さず、ことごとく落選させた。

かかる背景のもと、二〇一五（平成二七）年一〇月一三日、翁長雄志沖縄県知事は、前知事による辺野古沿岸部の公有水面埋め立て承認を取り消した。この取消に対して沖縄防衛局は行政不服審査法に基づき国土交通大臣に審査請求し、執行停止措置の申し入れをした。

なお、沖縄防衛局に対して、「行政法研究者有志一同（九六名）」から、「辺野古埋立承認問題における政府の行政不服審査制度の濫用を憂う」という声明が発表されている。そこには「政府がとっている手法は、国民の権利救済制度である行政不服審査法制度を濫用するものであって、じつに不公正であり、法治国家にもとるもの」「国土交通大臣においては、今回の沖縄防衛局による職務執行の申し立てをただちに却下するとともに、審査請求も却下することを求める」と記されている（『世界』二〇一六年一月号、岩波書店）。沖縄返還後も、日本国は米国民政府と変わらず「法治国家にもとる」手法で沖縄に立ちふさがっている。

その後、政府は、翁長知事による埋め立て承認取り消しを撤回するよう求めて、代執行訴訟も提起した。一二月二日、第一回口頭弁論が、福岡高裁那覇支部で開かれたが、翁長知事は以下のように意見陳述している。

・平成一一年、当時の稲嶺知事は、軍民共用空港とすること、使用期限を一五年とすることを条件として辺野古への基地建設を受け入れた。しかし、その条件は平成一八年に政府によって一方的に廃止された。条件が廃止された以上、「受入れが白紙撤回されることは、小学生でも理解できる話です」。

・沖縄は基地で食べているという誤解があるが、県民総所得に占める米軍基地関連収入は、復帰直後15・5％、最近では約5％。

・「沖縄は他県に比べて莫大な予算を政府からもらっている、だから基地は我慢しろ」とも言われるが、県民一人あたりの額は、地方交付税や国庫支出金等を合わせた額で全国六位、地方交付税だけでは一七位。『沖縄は三千億円も余分にもらっておきながら』というのは完全な誤りです」。

・「琉球処分、沖縄戦、なぜいま歴史が問い直されるのか」。「銃剣とブルドーザーで奪われた土地が基地になり、そっくりそのままずっと置かれているから、過去の話をするのです。生産的でないから過去の話はやめろと言われても、いまある基地の大きさを見ると、それを言わずして、未来は語れないのです」。

（「代執行訴訟　翁長知事陳述書全文」〈『琉球新報』二〇一五年一二月二日〉）

陳述中、沖縄県知事は、沖縄の歴史と現状について、誤解を解くために多くの言葉を費やしているが、「本土」住民の誤解は沖縄への偏見と無関心によるものだろう。誤解、無関心（事態を把握していないということ）ゆえに、多数の「本土」住民が、沖縄への米軍基地の集中、固定化という人権侵害を恥じることなく、暮らしていけているのではないだろうか。

現在、辺野古大浦湾やキャンプ・シュワブゲート前で、基地建設反対運動に対して、海上保安庁、機動隊が凄まじい暴力を振るっている。元裁判官の仲宗根勇は海保の

暴力を「特別公務員職権乱用罪」「捜査活動全体が違法行為」と批判している（仲宗根勇『聞け！オキナワの声――闘争現場に立つ元裁判官が辺野古新基地と憲法クーデターを斬る』未來社、二〇一五年。なお、藤本幸久・影山あさ子監督『圧殺の海』、三上智恵監督『標的の村』および『戦場ぬ止め』などのドキュメンタリー映画で、海保、警察の暴力を見ることが出来る）。『琉球新報』（二〇一五年一月二三日）は「『海保拘束後に嘔吐《おうと》』『市民、骨折の可能性 機動隊に押され』『海保首絞め男性重傷』。19～21日の本紙朝刊の見出しを並べると、三日連続で身体的被害が生じる事案が起き、状況は悪化している」と報じている。沖縄戦の日本兵の残虐行為、米軍の「銃剣とブルドーザー」を現在の日本国が引き継いで行使しているような惨状であるが、米軍基地を巡る諸問題を「本土」のマスメディアで目にすることは少ない。「本土」住民の誤解、無関心の責任の一端は、このようなマスメディアの姿勢にあるように思われる。

ただし、辺野古のキャンプ・シュワブゲート前では、新基地建設に反対する五〇〇人の波が機動隊を押し返し、建設のための車両を止めるという事態も生じている（『沖縄タイムス』二〇一五年一一月一二日）。五〇〇人から一〇〇〇人の非暴力の抵抗が続けば、建設を止めることができるのであり（少なくとも今のところは）、抗議者の中には、海外や日本「本土」から駆けつけている者も含まれる（仲宗根勇『聞け！オキナワの声――闘争現場に立つ元裁判官が辺野古新基地と憲法クーデターを斬る』）。かかる事態は、立法、行政、司法に期待できない中、「本土」の住民の自覚、行動によって、沖縄の人権、自治の侵害を阻止する可能性があることを示している。その自覚とは、「沖縄問題」は「日本本土が引き起こしている問題」だと気づくことである。

まとめ

近代——米国統治時代——沖縄返還後を通じて、日米両国の沖縄の扱いには共通点がみられる。それは、「沖縄人の人権、自治は侵害してもかまわない」ということだ。近代においては地方制度導入、国政選挙参加を遅らせ、沖縄戦時は日本軍の独裁支配、米国統治時代は米軍の独裁支配、返還後は沖縄限定の差別立法（公用地法、駐留軍用地特措法）、そして現政権による辺野古新基地建設強行（選挙結果無視、行政不服審査法濫用）と、「切れ目なく」続く人権と自治の否定である。ちなみに、差別とは「正当な理由なく劣ったものとして不当に扱うこと」（『広辞苑』第五版）とされる。日本国の沖縄住民に対する不当な扱いは「正当な理由」を欠いており、差別といって差し支えない。その背景は何だろうか。

本稿の問い、「沖縄は日本の固有の領土か？」を考えてみよう。

豊下楢彦は、「固有の領土」とは別に、「固有本土」という概念を分析している。一九四五（昭和二〇）年七月一五日に近衛文麿がまとめた「和平交渉の要綱」には、「国土については……止むを得ざれば固有本土をもって満足す」とあり、「固有本土」は「最下限沖縄、小笠原、樺太を捨て千島は南半分を保有する程度」となっていた。つまり、日本政府には「固有本土」と「固有の領土」という概念があり、『固有の領土』は『固有本土』の安全を確保するための犠牲になったり、場合によっては『捨て』られる対象とみなされてきた」。戦後も、一九四七（昭和二二）年に、昭和天皇が、米軍による沖縄支配を求めた「沖縄メッセージ」を米国に伝えたり、一九五一（昭和二六）年に吉田茂首相がダレスとの交渉で「沖縄の九九年租借」を提案するなど、「『固有の領土』が『固有本土』の犠牲に供される構図」がみられる（豊下楢彦『「尖閣問題」とは何か』。「固有の領土」の定義について、「北方領土という用語を根拠づけるためにもちだされた」ものであり、「他の国と係争状態にある島々を対象にした用語」と記している）。

結局、沖縄は日本の「固有の領土」ではあるが、「固有本土」ではないということだ。沖縄が「人権、自治の侵害」を強いられている背景には、このような事情があった。

「固有本土」ではないという性格に着目すると、沖縄と植民地との類似が際立ってくるように思われる。この点の詳細な検討は今後の課題としたいが、さしあたっての問題提起をして本稿のまとめとしたい。

本稿では、沖縄と植民地の類似点にふれたが、それは、①「固有本土」ではなく、②「固有本土」とは異なる差別的法制度が適用された、③地上戦を経験した、とまとめることができよう。さらに、④現在、日本国・社会による歴史の抹殺が進んでいる、という共通点もある。

この点で注目すべき視点を提示しているのが徐玄九「東アジアの冷戦体制形成期における住民虐殺——沖縄・台湾・済州島を中心に」（『専修大学人間科学論集』４巻2号、二〇一四年）である。この論文は、「沖縄戦」「台湾2・28事件」「済州４・３事件」に着目し、「帝国日本が仕出かしたこと」の傷跡を抉り出している。帝国日本が消滅した空白は、「米国があますことなく基地をもって埋め」、その過程で朝鮮戦争が勃発し、「日本の『独立』と『復興』、沖縄の『基地固定化』、中国と台湾の両岸分断、朝鮮半島の南北分断を確定的なものにした」。また植民地支配に対する態度によって、「親日」「反日」という対立をもたらした。そして「『長い平和』が持続した西ヨーロッパと『日本本土』とはちがって、沖縄を含む東アジアはまさに『戦争の時代』を生きていた」と記している。

「帝国日本が仕出かしたこと」は過去の遺物ではなく、今も東アジアに影響を及ぼし続けている。にもかかわらず、昨今の日本国・日本社会では、沖縄戦、日本国の侵略戦争、植民地支配の過程で生じた残虐行為を「なかったことにしよう」といわんばかりの歴史の抹殺が進んでいる。今田真人は、「従軍慰安婦という国家による戦争犯罪の歴史的事実をなきものにしたいという、右翼タカ派の妄言が勢いをまし、それに同調するヘイトスピーチが横行している」と述べている（今田真人『緊急出版 吉田証言は生きている』共栄書房、二〇一五年。今田は「うそつき呼ばわり」されている故・吉田清司の録音インタビュー全記録を検証し、ウソと断定する根拠に乏しいと主張している。さらに、その裏付けとなる新資料を発見し、『週刊金曜日』二〇一五年一二月一一日号で「朝鮮人女性『年間1万人』強制連行の

動かぬ証拠」として発表している。教科書からの歴史の抹殺については、俵儀文「教科書は政府広報ではない」〈『世界』二〇一五年六月号〉、明田川融『沖縄基地問題の歴史――非武の島、戦の島』参照)。

「固有本土」が、「固有の領土」や植民地に「仕出かしたこと」とその傷跡を学び、次世代に伝えていくことは、アジアとの友好関係のために、そして国際社会で日本国が孤立しないために不可欠な作業ではないだろうか(「沖縄の人々の平和と尊厳、人権と環境保護のための闘いを支持する」と、ノーム・チョムスキーら海外の識者一〇三名が、国際署名活動をしている〈『琉球新報』二〇一四年、一月三〇日〉。六六万人の組合員を擁するアジア・太平洋系アメリカ人労働者連合も「辺野古基地に反対して沖縄を支援する」と決議〈仲宗根勇「沖縄・辺野古――新しい民衆運動」《『季刊未来』二〇一六年冬・582号》〉。世界の日本研究者一七八名が「戦後70年の今年を過去の植民地支配や侵略の過ちを認める機会にするよう求める声明」を安倍首相に送付〈『毎日新聞』二〇一五年五月二一日〉。国連人権理事会、EU議会、アメリカ議会、台湾議会などが、日本政府に慰安婦への謝罪、賠償を求めている〈WAM公式サイト〉)。

沖縄に基地を押し付けて人権、自治を侵害し、歴史から目をそむけ続けるのであれば、日本国は国際社会から孤立し、沈没するだろう。そして、かかる人権、自治の破壊は教育・研究現場、労働現場、家庭、全国の地方自治体などあらゆるところに波及していくだろう。「沖縄独立論」は、泥船のような日本国から脱出する意思表示のように思えてならない。

(『流通経済大学創立50周年記念論文集』2016年3月/『月刊 琉球』2016年5月号に転載)

琉球民族は存在するか？

はじめに

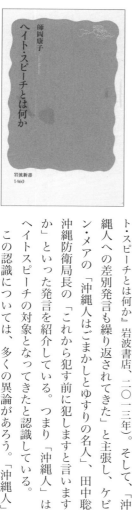

師岡康子はヘイトスピーチの定義として「人種、民族、国籍、性などの属性を有するマイノリティの集団もしくは個人に対し、その属性を理由とする差別的表現であ」ると記している（『ヘイト・スピーチとは何か』岩波書店、二〇一三年）。そして、「沖縄人への差別発言も繰り返されてきた」と主張し、ケビン・メアの「沖縄人はごまかしとゆすりの名人」、田中聡沖縄防衛局長の「これから犯す前に犯しますと言いますか」といった発言を紹介している。つまり「沖縄人」はヘイトスピーチの対象となってきたと認識している。

この認識については、多くの異論があろう。「沖縄人」

「琉球民族」という人種、民族は存在しない、沖縄人も一日本人だとの見解も存在する。ほかならぬ沖縄からこういった意見が出ている。二〇一五年一二月二二日、豊見城村議会は「沖縄県民は日本人であり、決して先住民族ではない」との意見書を可決した。国連が「沖縄県民は日本の先住民族」と声明したこと（拙論「沖縄は日本の固有の領土か？」本書前稿12ページ参照）に対して真っ向から否定したのである。果たして「沖縄人」「琉球民族」は存在するのだろうか。

一、ヘイトスピーチ解消法施行

二〇一六年六月八日「本邦外出身者に対する不当な差別的言動の解消に向けた取組の推進に関する法律」（以下、ヘイトスピーチ解消法）が施行された。

第一条は、ヘイトスピーチ解消法は差別的言動解消の基本理念と基本的施策を定めるものであると規定する。よって差別的言動をとったものに対する罰則規定はない(第一条　この法律は、本邦外出身者に対する不当な差別的言動の解消が喫緊の課題であることに鑑み、その解消に向けた取組について、基本理念を定め、及び国等の責務を明らかにするとともに、基本的施策を定め、これを推進することを目的とする。)。

第二条は、不当な差別的言動の保護の対象は、「本邦外出身者、その子孫」であり、かつ「適法に居住するもの」と規定する（第二条　この法律において「本邦外出身者に対する不当な差別的言動」とは、専ら本邦の域外にある国若しくは地域の出身である者又はその子孫であって適法に居住するもの〈以下この条において「本邦外出身者」という。〉に対する差別的意識を助長し又は誘発する目的で公然とその生命、身体、自由、名誉若しくは財産に危害を加える旨を告知し又は本邦外出身者を著しく侮蔑するなど、本邦の域外にある国又は地域の出身であることを理由として、本邦外出身者を地域社会から排除することを煽動する不当な差別的言動をいう。〉。

近年、在日コリアン等に対するヘイトスピーチや街宣が頻発し、国連自由権規約委員会から日本政府に対し「締約国は、差別、敵意、暴力を煽り立てる人種的優位性や憎悪を唱道する全てのプロパガンダを禁止すべきである。また、こうしたプロパガンダを広めようとするデモを禁止すべきである」といった勧告があった（二〇一四年八月二〇日。法務省ウェブサイト掲載の仮訳）。国内外からのヘイトデモ批判が、ヘイトスピーチ解消法制定の背景にあったことは明らかだ。

師岡康子はヘイトスピーチ解消法の問題点として、①差別的言動は許されないと規定しながら、禁止条項がなく、②基本的施策の内容が、これまで法務省が実施してきた相談、教育、助言、啓発に限定され、国会への報告義務も財政措置もなく、③不当な差別的言動からの保護の対象として、アイヌ、沖縄人、被差別部落民といった人種的・民族的マイノリティが含まれていないこと、を挙げている。さらに、④解消すべき対象が「言動」に限定され、差別的取扱いを外したことも問題視する（「差別の撤廃に向けて――ヘイトスピーチ解消法成立の意義と今後の課題」〈『世界』二〇一六年八月号〉）。師岡の主張するように、「沖縄人」も差別的言動の対象になっているのか、つまり「沖縄人」「琉球民族」という属性が存在するのかどうか考えてみよう。

二、沖縄人は土人？

二〇一五年六月二五日、自民党の「文化芸術懇話会」なる勉強会で、作家の百田尚樹が「沖縄の二つの新聞はつぶさないといけない」「もともと普天間基地は田んぼの中にあった」などと発言した。直後に沖縄タイムス社が『報道圧力』を出版しており、社会部の吉川毅は、百田尚樹に電話取材し、その返答を聞いて、「沖縄へのヘイトスピーチそのものだと感じ」、「沖縄の犠牲の上に日本が成り立つとの本音」が「どのくらい日本に増殖しているのかと思い、悔しくも悲しくなった」と書いている。沖縄県議会は、同年七月二日、「『沖縄の特殊なメディア構造をつくってしまったのは戦後保守の堕落だ』『左翼勢力に乗っ取られている』などの発言は報道機関だけではなく、読者である沖縄県民をも侮辱するもので、到底看過できない」との抗議決議を行った（自民党総裁宛て）。

安田浩一は、沖縄を取材し、『沖縄の新聞は本当に「偏向」しているのか』（朝日新聞出版、二〇一六年）を著した。同書のなかで、ある人物は、「百田さん個人の問題ではないでしょう」「このところ、沖縄への偏見を増幅させる空気みたいなものが本土から伝わってくる」「本土の人間が表立って口にすることができない考えを作家が代弁しただけ」と答えた。元かりゆしグループCE

Oの平良朝敬は「沖縄が望んで米軍基地を誘致したわけでも何でもない。……そうであるのに〝沖縄は基地で食っている〟なんて物言いが飛び出すところに、誤解というよりも、沖縄への蔑視を感じる」と述べている。

安田浩一は自身が目撃した次の例も紹介する。二〇一三年一月二七日、沖縄の首長、県議たちが「オスプレイ配備反対」の建白書を政府に届ける前日にデモを行ったが、沿道から「非国民」「売国奴」「中国のスパイ」「日本から出ていけ」といった罵声が浴びせられた。デモの先頭に立っていた翁長雄志（現沖縄県知事。当時那覇市長）が本当に失望したのは、「聞くに堪えない罵声を飛ばす者たちの姿よりも、それを無視し、何事もないように銀座を歩く『市民の姿』だった」という。差別を放置する「本土」の市民やメディアの姿勢は、「結果的に差別を容認することにもなる」。

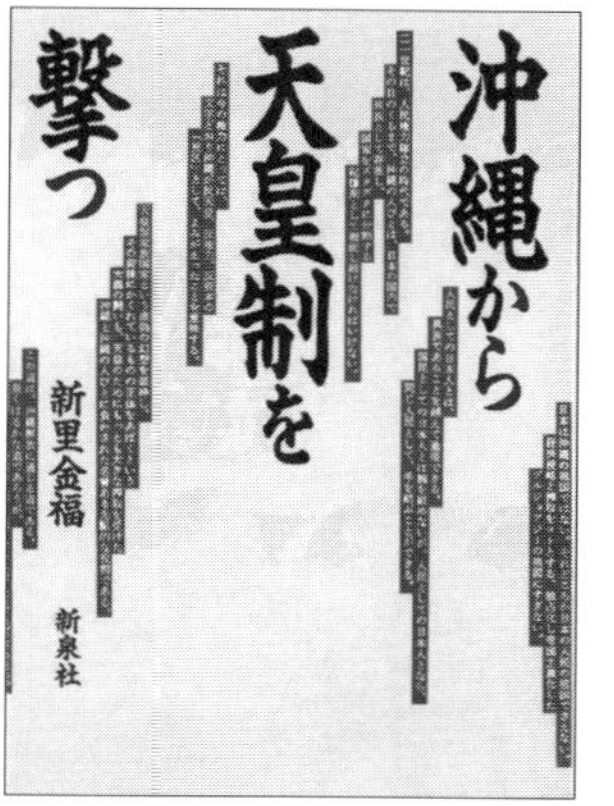

オスプレイ反対派や基地反対派への罵倒は一見、「沖縄人差別」ではなく、「基地反対」という主張への批判のようであり、その側面もあるだろう。しかし、根底には沖縄人蔑視があるのではないか。沖縄は日本国（及び米国）の犠牲になって当然であり、基地くらい我慢せよとの意識が前提にあると思われる。

次に、就職、進学などで日本「本土」に居住した沖縄人への差別をみていこう。新里金福は、近代以降、「本

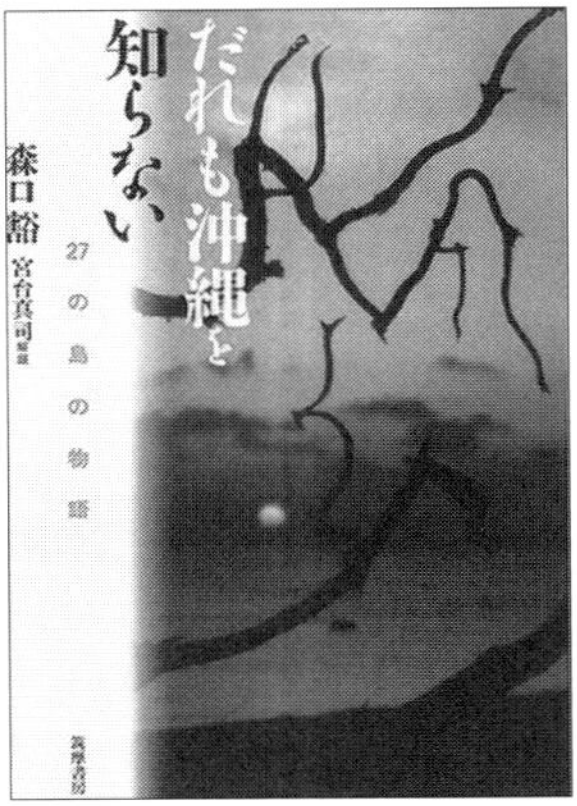

土」で就職した沖縄人たちが受けた差別的扱いについて以下のように記している。「沖縄からもどんどん労働者を集めてきて就労させておきながら……労働力が不要になってくると、まず真っ先に首を切るのはそういうマイノリティの犠牲要員たち。……工場の門前には『朝鮮人ならびに琉球人お断り』の札が立つ」「一方においては非常に危険な労働に沖縄の人びとを配置する。そこで事故が起こって片腕がだめになったとか、そういう負傷者が出たりしています。こうした差別状況の中で、それに耐えられなくて、自ら命を断っていった人が無数にでている」(『沖縄から天皇制を撃つ』新泉社、一九八七年)。

森口豁も「本土」に就職した沖縄人に取材し、「沖縄に対する無知と偏見が、なにかにつけて彼らを傷つけ、仲間外れにした」ケースを紹介している。ある人物は、「沖縄はアメリカなのに、お前はなぜ英語がしゃべれないの?」「沖縄人はなにをさせても要領が悪い」と言われた。職場では、「仕事が遅いといっては叱られ、少しでも口応えすると『沖縄人のくせに態度がでかい』と罵られた」者もいた。「沖縄出身者全員にパスポートの提出を命じ、ロッカーに仕舞い込み鍵をかけ……勝手に会社を逃げ出せないようにした」会社もあった。「沖縄人は日本人ではない」「日本人なら東京に来るのになぜパスポートなんか持ってくるのか」などと言った日本人もいた(『だれも沖縄を知らない——27の島の物語』筑摩書房、二〇〇五年）。

次に軍隊における沖縄人差別をみていこう。大山朝常は、日本軍における沖縄出身兵の扱いを記している。「入隊まもなく、ある他県の同僚からこう言われたのです。『お前ら沖縄人は、日本人じゃない。チャンコロと同じなんだから一人前の顔をするな』」「『沖縄人』とは呼ばれても、そこに込められている響きは『日本人』ではなく、『植民地人』というものでした」「地方の連隊に入隊した沖縄出身の兵隊たちは、ひどい残酷きわまる訓練を受け、そのために死んだ者もいれば、精神に異常をきたした兵隊も少なくなかったといいます。……日本人として扱われていなかったのです。そういう扱い方が変わることなく続き、やがてあの沖縄戦の悲劇につながっていったのです」（『沖縄独立宣言——ヤマトは帰るべき「祖国」ではなかった』現代書林、一九九七年）。

新里金福も日本兵の差別的言動について証言している。「『キサマは沖縄人だってな、ならばキサマは日本人じゃねえ、キサマはチャンコロだ』と、そのAはいうのです」「差別するためには、お前さんは日本人じゃないと『異族』扱いするだけで足りるといった発想をこの人はもっていた」、人事係の准尉は「沖縄人は信用ならん」「沖縄は……本土と違い、民度の低いところだから、どうだかわかりゃせん。例えば沖縄ではゴキブリを食っている」「沖縄人は沖縄人の分を守って日本のた

めに人柱になるぐらいの覚悟がなきゃいかん」と罵った（『沖縄から天皇制を撃つ』）。

　林博史も日本兵の言動を紹介している。「日本人が琉球土人のために犬死する理由があるか」とどなって住民を壕から追い出した日本兵がいた。「きさまらは国賊か。天皇の使者である軍人に協力できないのか」と言って食料を奪った日本兵がいた。「沖縄人はみんなスパイだ、お前らが捕虜に出ていくときは、後ろから手榴弾で撃ち殺してやる」と脅した日本兵もいた。林博史は、沖縄戦を「本土」防衛（米軍の「本土」上陸を一日でも遅らせる）のための「捨て石」作戦、国体護持＝天皇を守るための闘いだったと総括し、「日本軍の姿勢は、住民を利用するだけ利用するが、その生命と安全は無視し、米軍に保護されるよりは死を強制するものだった」と評している（『沖縄戦が問うもの』大月書店、二〇一〇年）。沖縄人を利用するだけ利用し、生命と安全を無視する点では、現在の日本国も同じようなものだろう。

　沖縄戦で日本兵による住民虐殺が相次いだことは周知の通りである。日本兵はスパイ容疑で沖縄人を虐殺し、捕虜になることを禁じて集団死を強制した。日本兵が住民の食糧を奪い、壕から追い出し、その結果命を失った者も多かった。沖縄人を「琉球土人」と見下し、「スパイ」「国賊」扱いする日本兵が多数いたことから生じた惨劇である（なお、日本国が沖縄を国防上利用してきた歴史については、拙論「近代沖縄と日本の国防」本書104ページ参照）。

差別的言動は容易に差別的取り扱いに発展し、さらに虐殺にエスカレートすることがある。沖縄に限らず、中国、朝鮮半島、東南アジア、南洋群島等でも同様の事態が生じたことは言うまでもない。現在でも、沖縄に米軍基地を押し付け、基地被害を放置し、アジア各地から「研修生」、「留学生」の名目で多くの労働者を呼び寄せ、「奴隷労働」を強いていながらヘイトスピーチを浴びせる一部の日本人たち。ここには戦前からの連続面が確かに存在する。

三、見世物にされた琉球人

一八七九年、日本国は琉球国を武力で併合し、沖縄県を設置した。

日本国が沖縄を蔑視している象徴的な出来事として、人類館事件が挙げられる。一九〇三年、日本政府主催の第五回内国勧業博覧会が実施された際、会場周辺に見世物小屋が並んだ。その中に、「学術人類館」が建てられ、アイヌ、台湾人、朝鮮人、中国人、インド人などと並んで「琉球人」も「陳列」された。

伊佐眞一『沖縄と日本の間で――伊波普猷・帝大卒論への道 中巻』（琉球新報社、二〇一六年）によると、人類館事件は「たんに目ざとい大阪商人の我欲といっては済まない」事件であり、東京帝国大学理科大学によって推進されていた。具体的には、東京帝国大学理科大学教授の坪井正五郎の命を受けて、大阪の人類館に教え子の松村瞭が派遣されている。坪井らが世界各地で収集し

た土俗品が人類学教室によって貸し出され、松村が陳列などの実務を担当したという。帝大理科大学の沖縄研究を側面から援助したのが農商務省の田代安定であった。

　伊佐眞一は、明治期の田島利三郎、坪井正五郎、鳥居龍蔵、田代安定その他の歴史学者、人類学者、教員、役人らによる沖縄調査の数々を検討し、「明治政府が主導して沖縄を調査・視察し」「学者や教員が学校において教育し、在野の言論が啓蒙したものの沖縄観」があるとし、それは「〃琉球ハ往古ヨリ我ガ国ノ一部分ナリ〃というヤマトによる沖縄支配の論理」であったと述べる。そして、沖縄や台湾に向けられる「あたかも珍しいモノを（鳥居のいう『人類学的博物館』で）観る、あるいは陳列して教材にする発想」は、「植民地支配者の視線」だと記している。

　また、鳥居龍蔵は一九〇四年、沖縄県師範学校、沖縄県立高等女学校で生徒の皮膚の色を調査し、「沖縄人の皮膚の色はマレー種族とは異なる傾向であって、日本人のそれに著しく近い」との報告書を作成している。他府県ではありえない調査だろう。伊佐眞一は、「ヤマトの人間が沖縄を日本の『版図』だと表現し」「ヤマトの知識人が沖縄と日本は『同祖』だ」と言うこと自体、「沖縄がもともと日本の構成員ではなかったことを浮き立たせる」と述べている。なお、同書上・中巻は、伊波普猷が「日本社会の沖縄に対する異邦人視、異人種扱いといった視線」にさらされ、

「煮えたぎる憤り」を抱えながら、研究に没頭していく様子を描いている。

人類館事件は、琉球国を武力併合して以降、日本国の官・学が一体となって沖縄を植民地同様に扱ってきたことから生じた事件だ。そして官・学の姿勢は民＝日本社会に浸透し、沖縄人蔑視が定着していった。支配者として見下すという姿勢は、軍隊では、「琉球土人」は「日本のための人柱になれ」との意識につながり、沖縄を「捨て石」とする戦争に発展した。この姿勢は、現在でも米軍基地を押し付け、沖縄は日本の安全のための犠牲になって当然との日本国・社会に引き継がれている。

四、琉球民族と日本社会

改めて、「公人」による現在の沖縄人差別を概観する。二〇一〇年末、前述のように米国務省日本部長（当時）のケビン・メアは、「沖縄の人は日本政府に対するごまかしとゆすりをかける名人だ」などと発言した。安田浩一前掲書は、メア発言を援用した以下のような主張を紹介している。「沖縄の自立をじゃましているのは……戦争の古い話を持ち出して本土にたかる人々と、それに甘える県民です」（池田信夫、ネットメディア『アゴラ』二〇一四年一二月二九日）。「沖縄の気質は韓国に似ていると思います。彼らの言っていることは、つまるところ『本土はカネよこせ』ですから」（室谷克実『韓国人がタブーにする韓国経済の真実』共著者三橋貴明、ＰＨＰ研究所、二〇一一年）。「日本は懸命に守った。……それを『捨て石にされた』と恨み言を言う。被害者意識は朝鮮のいう『七奪』より酷い」（高山正之、『週刊新潮』二〇一五年八月一三・二〇日）。沖縄バッシングと韓国人らへのヘイトスピーチは同じ土壌から発芽している。こういう者たちは日本人以外の外国人やマイノリティを見下す傾向があり、そして沖縄人は日本人ではないとの感覚を有しているのだろう。

ちなみに、ケビン・メアは自身の著書『決断できない日本』（文藝春秋、二〇一一年）で以下のような虚偽情報を記している。普天間基地周辺にある小学校を政府が移転させようとしたところ、伊波洋一市長（当時）がこれに反対し、「彼はこの小学校の危険性を政治的に利用していました」というのだ。これはまったくのデマであり、米軍や日本政府が小学校を移転させようとしたことはない（沖縄人権協会編著『戦後沖縄の人権史――沖縄人権協会半世紀の歩み』高文研、二〇一二年）。いわゆる「普天間第二小学校」デマである。同様のデマは産経新聞（二〇一〇年一月九日付）、百田尚樹も垂れ流している（『月刊ＳＰＡ！』電子版、二〇一五年七月九日）。

安田浩一前掲書にもどり、「公人」による沖縄蔑視発言をさらにみていこう。小池百合子（自民党、当時）「沖縄とアラブのマスコミは似ている。超理想主義で明確な反米と反イスラエルだ」。新進党（当時）の西村眞吾「沖縄の心がマインドコントロールされている。言論が封殺されている」。森喜朗（自民党、当時）「沖縄の新聞は共産党に支配されている」。神奈川県議の小島健一（自民党）「基地反対だとかオスプレイ反対だとか毎日のように騒いでいる人たちがいます。これを基地の外にいる方ということで『きちがい』と呼んでおります」。

海上保安庁にいたっては、「在京メディア記者を個別に招集し、沖縄メディアによる一連の辺野古報道は『誤報』であるとレクチャーして」おり、例えば、『琉球新報』が報じた、海上保安官が市民に馬乗りしている写真については、「海中転落を防ぐため」などと説明し、正当化している。沖縄発の情報は真に受けるなとのメッセージである。

さらに安田浩一は、全国紙記者の沖縄紙に対する的外れな意見を紹介している。「比較的リベラルな」全国紙記者でさえ「あそこは基地のことばかりやっているからね」と語ったという。中央のメディアは、国家権力を監視するという本来の役割を忘れ、国家の流す情報をそのまま伝えるだけの「政府広報」に堕していないか。

以上のように、まず政治家や官僚の間に沖縄人蔑視があり、彼らの主張を批判的に検討することもなく報じる、あるいは彼らが報じて欲しくないことは報じないメディアを仲介して、日本社会に沖縄への誤解と無関心が定着し、排外主義者の差別的言動を生み出している。排外主義的主張で知られる「日本会議」所属の閣僚、国会・地方議員の増殖及び日本会議の問題点を報じないメディアの姿勢は、沖縄人その他のマイノリティへの差別的言動に拍車をかけていると思われる。

ここまで見てきたように、沖縄人への差別的言動は存在する。「沖縄人」「琉球人」という民族、人種が存在するかどうかは大した問題ではない。仮に「民族学的」に「日流同祖」であったとしても、多数の日本人が沖縄人を自分たちとは異なる集団と認識し、差別的言動、差別的扱いをしていることこそが問題の本質である。差別扱いされることによって「沖縄人」の側も自分たちを日本人とは異なる集団であると認識する可能性が高まる。

そうであるならば、師岡の主張するように、ヘイトスピーチ解消法は沖縄人にも適用できるよう明文化すべきだ。また、「差別的取扱いの禁止」も規定すべきである。その最たるものは日本国による沖縄への米軍基地押しつけである。とりわけ、辺野古新基地建設、高江ヘリパッド建設への抗議活動に対する不当弾圧は人権侵害、自己決定権侵害であり、沖縄差別でもある。二〇一六年七月一〇日の参院選で、辺野古新基地建設及び高江ヘリパッド建設に反対する伊波洋一が、現職大臣島尻安伊子を大差で破って当選した。これをあざ笑うかのように、沖縄防衛局は翌日から高江での工事を開始した。全国から五〇〇人以上の機動隊を動員し、明らかに違法、不当な取締りを続けており、多数の市民が怪我を負わされている。「銃剣とブルドーザー」の再現であり、「琉球土人は日本国の人柱になれ」がいまだに克服されていないことの証左である。「差別的取り扱い」を禁止する条文が必要な所以である。

もっとも、法改正が実現するかどうかは不透明であり、改正されたとしても、社会の側からの取り組みがなければ差別は解消されない。最後に、今後の日本社会の課題を考えてみよう。日本「本土」でも辺野古新基地建設、高江へリパッド建設に反対する動きがみられる。決して差別的言動だけではない。ただし、まだ少数派である。そして「本土」の運動は、選挙に結びついていない。直近の衆・参選挙で沖縄選挙区では、すべて辺野古新基地建設に反対する候補が当選している。「本土」では今年七月の参院選で「改憲勢力」が三分の二を獲得した。「本土」の有権者、メディア、議員、官僚の姿勢をどうやって変えていくか？

近年、高橋哲哉は米軍基地の「県外移設」を主張し（『沖縄の米軍基地——「県外移設」を考える』集英社、二〇一五年）、各地で米軍基地を引き取る運動が発生している。二〇一六年五月一四日、シンポジウム「県外移設から〈県外移設〉へ——応答する人々　基地引き取り」（共催・沖縄に基地を押し付けない市民の会、沖縄差別を解消するために沖縄の米軍基地を大阪に引き取る行動）が、大阪府の大正沖縄会館で開催され、長崎、福岡、大阪、新潟、東京で在沖米軍基地を引き取る活動の参加者らが、「米軍基地の押し付けという差別を解消するため、『引き取る行動』に取り組むことが必要だ」と訴えた（『琉球新報』二〇一六年五月一五日）。すでに一九九五年、茨城大学教職員組合は、「県外移設」を訴えており、組合委員長だった雨宮昭一は「本土の方で安保条約に賛成でも反対でも人口に応じて基地を全部引き取るべき」と主張していた（『戦後の越え方——歴史・地域・政治・思考』日本経済評論社、二〇一三年）。「県外移設」運動を、「本土」と沖縄のたんなる基地の押しつけあい、対立の火種にしてはいけない。分断は日米両国政府の思うつぼである。よって、沖縄差別解消につながるような議論や運動のあり方を模索していくことは、今後の最重要課題である。参考になる例として、以下のような「本土」と沖縄の交流を紹介しよう。

二〇一六年二月二一日、辺野古埋め立てに抗議するために国会を取り囲む「二・二一首都圏アクション国会大包

囲」が国会議事堂周辺で開かれ、「二万八千人（主催者発表）が参加した。……『全国同時アクション』は二〇日、高知で実施され、二一日は札幌、仙台、富山、名古屋、京都、大阪、岡山でも新基地建設中止を訴えた」（『琉球新報』二〇一六年二月二二日）。

　二〇一六年七月三一日、東京・全電通会館ホールで、「辺野古新基地建設断念を求める七・三一全国交流集会」が開催された。午後の講演は、高野孟「辺野古をめぐる米国の動向」、白藤博行「辺野古と地方自治」、桜井国俊「公有水面埋め立て承認の誤り」。「沖縄からの訴え」では、仲村善幸（ヘリ基地反対協事務局長）、伊波洋一（参議院議員）が登壇した。「まとめと問題提起」を大仲尊（沖縄・一坪反戦地主会関東ブロック）が行なった。

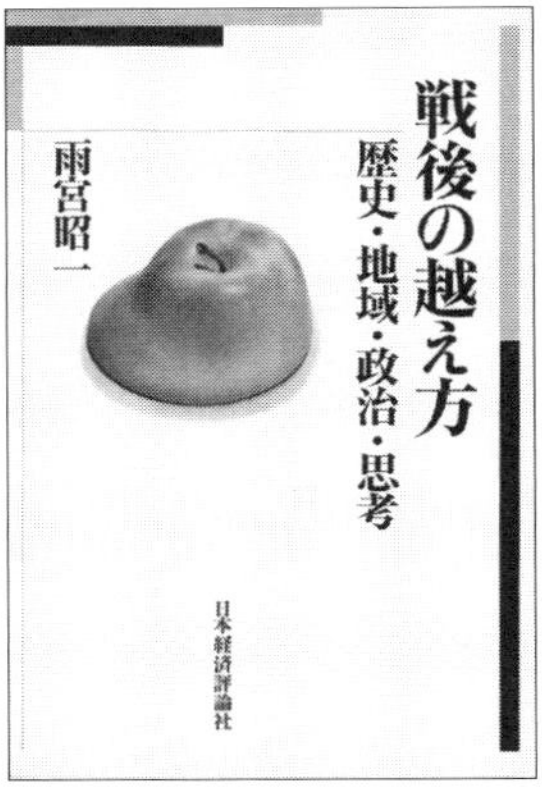

　二〇一六年九月二五日、「9・25沖縄シンポジウム　ヤマトンチュの選択――問われる責任、その果たし方」が、東京しごとセンター講堂で開催された。パネリストとして高橋哲哉（東京大学大学院教授）、成澤宗男（ジャーナリスト）、前田朗（東京造形大学教授）、コメンテーターとして新垣毅（琉球新報記者）、芹澤礼子（元衆議院議員秘書）、木村辰彦（沖縄・一坪反戦地主会関東ブロック）が登壇した。

　二〇一六年九月二八日、東京日比谷野外音楽堂で「9・28日本政府による沖縄への弾圧を許さない集会」（主催・「止めよう！辺野古埋立て」国会包囲実行委員会）が開催され、大城悟（沖縄平和運動センター事務局長）が辺野古、高江現地の状況を報告し、白藤博行（行政法研究者）が辺野古違法確認訴訟判決について解説し、その後デモ行進を行なった。

辺野古土砂搬出反対全国連絡協議会は二〇一五年五月に発足し、現在一二県一八団体が参加し、辺野古に土砂やケーソンを運ばせない運動に取り組んでいる。活動は署名活動や学習会、三上智恵監督『戦場ぬ止み』上映会、採石会社への申し入れなど多岐にわたる。共同代表の阿部悦子さんは「あの美しい辺野古の海を戦争のために埋め立てる、それも私が住む瀬戸内から調達するとは！……許せないと思いました」と記している（同協議会『どの故郷にも戦争に使う土砂は一粒もない――全国の土砂搬出地と沖縄・辺野古がつながって』）。二〇一六年一一月二日には、「辺野古に土砂は送らせない11・2沖縄と東京北部を結ぶ集い」において、阿部悦子さんがお話をする。

二〇一六年一〇月一七日、高畑勲監督ら東京都民三一四名が「都民の税金が高江の市民を弾圧する警視庁機動隊の給与に当てられているのは許せない」と、住民監査請求を行なった。

沖縄・一坪反戦地主会関東ブロックは、定期的に新宿アルタ前や防衛省前での抗議活動を行なっており、二〇一六年一一月二〇日、二一日には「JUSTICE for OKINAWA! 最高裁前11月20・21日連続行動　最高裁は口頭弁論を行い、高裁判決を破棄しろ！」を開催する。辺野古違法確認訴訟高裁判決の不当性を訴え、最高裁判所での正当な裁判を求める。

これらの活動に携わっている人たちの多くは、沖縄現地にも足を運び、フェイスブック、ツイッターなどのＳＮＳやブログなどで情報発信をしている。紙媒体メディアでは『アジア記者クラブ通信』『季刊未来』『自然と人間』などが沖縄に関する情報を掲載し、インターネットメディアではレイバーネット、ＩＷＪ（Independent Web Journal）などが沖縄情報を発信している。

二〇一六年八月、山梨県甲斐市立竜王図書館で、沖縄、広島、長崎の地元紙が伝える戦争や平和に関する企画展示会が開催され、『琉球新報』『沖縄タイムス』の沖縄戦に関する記事も展示された（『毎日新聞』二〇一六年八月二五日）。この企画は、一市民からの提案がきっかけとなっており、その方は沖縄の地元紙を同図書館に寄贈し、市民の閲覧に供している。

「沖縄問題」を引き起こしているのは日本人であるとの認識を持った一部の日本人たちは、様々な活動に取り組んでいる。ＳＮＳやブログでの発信や竜王図書館の例のように一個人としてできることも少なくない。

辺野古、高江での不当弾圧、基地被害の惨状などを「知らない」がために、沖縄に無関心な者も多数いるだろう。逆に、「知る」ことによって、沖縄差別から脱却できる可能性が高まるだろう。「本土」と沖縄の交流をさらに発展させるための知恵と行動が必要だ。

（書き下ろし・２０１６年10月30日）

「戦争は終わっていません。戦争はここにあります」

はじめに

二〇一六年五月、沖縄で女性に対するレイプ・殺人・死体遺棄事件の容疑者が逮捕された。容疑者は元海兵隊員とされている。これまで何度も米兵ら（軍人・軍属・その家族）による犯罪が繰り返され、そのたびに「綱紀粛正」「再発防止」という言葉が発せられたが、効果はない。沖縄サイドは、日米地位協定改定を訴え続けてきた。筆者は、米兵らの犯罪対策は、地位協定改定とともに刑事裁判に関する日米密約の破棄が必要だと考える。そして米軍特権や思いやり予算も廃止し、米軍にとって居心地の悪い状態を作る必要があると考える（今の日本は米軍にとって天国）。居心地悪くすることは、いずれ米軍基地縮小、撤去につながるだろう。具体案は「おわりに」で示すことにする。

なお、本稿のタイトルはキャサリン・ジェーン・フィッシャーさんの沖縄でのスピーチの一節

である（ジェーン『自由の扉——今日から思いっきり生きていこう』御茶の水書房、二〇〇九年）。オーストラリア出身のジェーンさんは、二〇〇二年に、横須賀で米兵にレイプされた経験を持つ。彼女に対して、日本国の警察も外務省も法務省も、そして米軍も、あまりにもひどい仕打ちを続ける。しかし彼女は、自力で犯人をつきとめ、日本国と米国の民事訴訟で勝利する。その過程で、新原昭治によって明らかになった日米密約の存在を知り、なぜ米兵犯罪が野放しになっているのか、明確に理解する。

本稿は、ジェーンさんの事件を通じて、裁判権に関する日米地位協定と日米密約の問題点を概観し、今後の対策を論じることを目的とする。筆者は、二〇一六年四月二二日、アジア記者クラブ定例会でジェーンさんの講演を拝聴した。彼女は、「もし私の声がみなさんに届くなら、みなさんが私の話をほかの人にできるようになれば、何かが変わると思う。このままでは絶対にあってほしくない。ほかの国だったら、絶対にこういうことはないだろう。日本だけが許されるのか」と訴えた（『アジア記者クラブ通信』284号に講演録掲載）。一九九五年の少女暴行事件からなにも変わっていない、そして自分は変えるために行動してこなかったことを痛感した。つまり、日本国の警察や法務省や外務省や米軍高官と自分は同じ穴の狢であり、犯罪に加担する側にいたのである。「何かを変える」側につかなくてはならない。

一、事件と裁判、そして沖縄へ

ジェーンさんの著書『涙のあとは乾く』（講談社、二〇一五年）から、事件の概要を紹介する。

ジェーンさんは、二〇〇二年四月、横須賀のホテルのバーで、米兵に薬を盛られ、意識朦朧となり、車に連れ込まれて強姦された。横須賀警察署に被害を訴えるが、警察官は、「身を守る術もないわたしの体に何度も何度も焼き印を押した――不審者。クズ。尻軽。娼婦」。警察署にはレイプテストキットさえなかった。レイプから七時間経過しても、警察は病院に行くことを許可せず、食べ物も飲み物も与えなかった。男性警察官は、「どんな風に犯されたのか説明しなさい」と言い放ち、現場で事件を再現するよう命じた。明白なセカンドレイプだった。

彼女は横須賀米軍基地で、加害者同席の聴聞に出席した。「はじめから終わりまで筋書きは出来上がって」おり、「米軍は、大事な水兵をいかなる罪でも告発するつもりはない」と告げられた。加害者の米兵は特定されたが、刑事裁判がいつ始まるかわからない状態だったため、※彼女は民事訴訟を提起する。しかし、訴訟の最中に、米軍は

被告を除隊し、行方が分からなくなる（後に、この米兵がアメリカに帰って、性犯罪を繰り返し、被害者が増え続けたことが判明する）。二〇〇四年一一月、判決は原告勝訴となるも、被告も米軍も損害賠償せず、代わりに防衛省が見舞金を支払った。

その後、彼女は執念で加害者の行方をつきとめ、二〇一二年一〇月、ウィスコンシン州の民事訴訟で勝訴する（賠償金一ドル）。

この間、「日本の憲法記念日に、国内で初となる二四時間体制のレイプ被害者支援センターを設立しようと決心」し、今も活動中である。

二〇〇八年二月、北谷町で中学生が米兵に暴行され、「抗議する県民大会」が開かれたが、ジェーンさんはこのとき、スピーチをしている。沖縄到着後、彫刻家の金城実と対面した。沖縄戦を表現したレリーフなどの作品を見て涙を流すと、金城実は泣いてはいけないと言って、机にこぶしを打ちつけた。そして「世界はこの事実に目を向けるべきです。全世界が沖縄のことを知るべきです」と語った。

大雨の中、彼女は六〇〇〇人の聴衆の前で語った。「日本は性犯罪の戦闘地だと思います。……なぜなら今回のことも、また、私のことも全て、突然起こった犯罪ではないのです。六〇年以上前から毎年米兵による犯罪は起きています」「皆さんの前で、被害者として米兵による犯罪はもう我慢できない、と訴えます。戦争は終わっていません。戦争はここにあります」「沖縄、平和の沖縄、何も悪くない沖縄」（前掲『自由の扉』から抜粋）。

※加害者の米兵は、日本国の警察に逮捕されることなく基地に戻り、米国海軍憲兵隊に身柄を拘束される。神奈川県警に事情聴取はされたが、理由もないまま不起訴になった。米国海軍も軍法会議は不要と判断し、事実上不起訴となった（吉田敏浩『密約――日米地位協定と米兵犯罪』毎日新聞社、二〇一〇年）。

二、地位協定一七条

日米地位協定一七条は、「米兵の犯罪について、公務中の犯罪は、すべて米軍が裁判権を持つ」「公務外の犯罪は、日本側が裁判権を持つが、容疑者が基地内に逃げ込んだりして、身柄がアメリカ側にある時は、日本側が起訴するまで引き渡さなくてよい」という内容になっている（前泊博盛『本当は憲法より大切な「日米地位協定入門」』創元社、二〇一三年）。日本国の捜査機関が容疑者の身柄を確保しなければ証拠を押さえることは難しく、起訴することも困難となる。つまり日本側からの起訴を抑止する規定である。米兵ら（軍人、軍属、その家族）

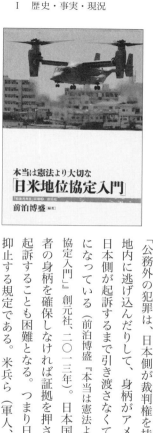

は、罪を犯しても、基地に逃げ込めばなんとかなるという意識を持つ。米兵らの犯罪を取り締まる上で、大きな障害となっている。

欠陥だらけの地位協定であるが、さらにこれを骨抜きにする密約が存在した。

三、日米密約

布施祐仁『日米密約　裁かれない米兵犯罪』（岩波書店、二〇一〇年）から、密約の概要を紹介する。

日米地位協定の前身は、一九五二年に締結された日米行政協定である（一九六〇年に日米地位協定となる）。第二次大戦敗戦後、占領下の日本に、米兵に対する裁判権はなく、米兵犯罪は「治外法権」状態だった。当初、行政協定も「治外法権」のままだったが、一九五三年、「公務外の米兵らの犯罪については日本側が第一次裁判権を持つ」と改定された。日本国は、一九五一年、サンフランシスコ講和条約によって主権を回復したが、米兵らの犯罪はいっこうに減少せず、国民の怒りが蓄積し、行政協定改定の声が高まったことを受けての改定だった。

ところが、一九五三年一〇月二八日、日米合同委員会で、日本側委員長が声明し、非公開議事録として署名した以下のような文書がある。「実際的運用について、私は、政策の問題として、日本の当局は通常、合衆国軍隊の構成員、軍属、あるいは米軍法に服するそれらの家族に対し、日本にとって著しく重要と考えられる事件以外について第一次裁判権を行使するつもりがないと述べることができる」。

この声明は、「公務外の米兵犯罪については日本国が裁判権を持つ」との改定を骨抜きにするものだ。行政協定の規定上は「日米対等」に近づいたように見せかけつつ、よほどの事件でない限り日本国は裁判権を行使しないという裏約束をしているわけで、実態としては占領下の治外法権とほとんど変わらない。この密約文書は、二〇〇八年に新原昭治が、米国公文書館で発見したものである。

新原昭治は、一九五三年に法務省の刑事局長が、検事総長はじめ全国の検事に宛てた以下の通達も紹介している。「(裁判権の行使については) さしあたり、日本側において諸般の事情を勘案し、実質的に重要であると認める事件についてのみ、第一次裁判権を行使するのが適当である」。すなわち、公務外の米兵らの犯罪であっても、できるだけ裁判権を行使するなという通達である。米国との密約を確実に実行するよう、法務省は日本国内の刑事司法を統制していた。

新原昭治は、この密約がいまでも生きていると明言する論文も発見する。在日米軍法務部のデール・ソネンバーグが、「日本は非公式な合意を結んで、『特別な重要性』がない限り、第一次裁判権を放棄することにした。日本はこの合意を忠実に実行してきている」と記していたのだ (『駐留軍隊の法律に関するハンドブック』所収、オックスフォード大学出版局、二〇〇一年)。ジェーンさんの事件に対する日米両国の態度は、この合意（密約）が今も「忠実」に実行されている証だ。

裁判権不行使の仕組みは、以下のようなものである。容疑者の身柄について、一九五三年一〇月二二日の日米合同委員会で、日本側代表は「犯人が日本の当局により身柄を保持される事例は多くないであろうことを声明したいと考える」と述べて、署名している。日本側が米兵を逮捕しても、多くの場合、身柄を米軍に引き渡すと約束していたのだ。

また、日本国に第一次裁判権がある事案でも、日本側から米国側へあるいは米国側から日本側へ犯罪を通知した後、軽微な罪については一〇日間、その他の罪については二〇日間以内に、「日本国が裁判権を行使する」と通告しなければ、米軍に裁判権が移行するとの合意がある。日本国の通常の事件では、捜査や起訴・不起訴の決定について、時効以外に期限の定めはなく（日本国の公訴時効は、罪の重さによって一年から三〇年。死刑相当の罪に時効はない）、米兵らを「特別扱い」している。この「日本側の通告期間一〇日間・二〇日間ルール」も日本側の起訴を困難にしている。

さらに、犯罪が公務中だったかどうかの判断が、一方的に米軍に委ねられている。米軍が公務中だったといえば公務中になる。例えば、公の催事での飲酒であれば、米兵らが飲酒運転で事故を起こしても「公務中」とされる（そして裁判権は米軍のものとなる）。公の催事以外の飲酒でも「公務中」とされるケースもある。しかも、犯罪が公務中だったかどうか、日米が裁判で争ったことはなく、日米合同委員会で協議されたこともない。

米兵犯罪の起訴率は、いくつかの犯罪類型については著しく低い。二〇〇一年から二〇〇八年のデータでは、米兵による強姦の起訴率は二六％（日本全体では六二％）、強制わいせつは一一％（同五八％）、傷害・暴行が二七％（同五八％）、窃盗は七％（同四五％）だった。公務執行妨害、詐欺、横領は〇％だった。密約が「忠実に」実行されている実態が浮かび上がる。地位協定及び密約による甘い裁きが、米兵らの犯罪を助長している。

おわりに——米軍へのもてなしは沖縄住民への人権侵害

基地被害をなくすには基地全面撤去が最善であることは言うまでもない。しかし、密約やその他の米軍特権（日本法の適用除外。公共料金、使用料、税金の免除・減額等）、思いやり予算（毎年二〇〇〇億円近い）の存在は、米軍に居心地の良さを提供している。日本人の多くは「極上のもてなしをするので、米軍は日本国の領土に（それもできるだけ沖縄に）いてください」と、考えているといわれても仕方ないのではないか。米軍をもてなすことは沖縄住民の人権を蹂躙することなのに。

一九七二年から二〇一〇年までに限っても、沖縄における米兵犯罪は五七〇五件、内五六四件が凶悪事件である（前泊博盛『もっと知りたい！ 本当の沖縄』岩波書店、二〇〇八年）。同時期、強姦（未遂含む）の検挙件数は一三〇件にのぼる（ガバン・マコーマック＋乗松聡子『沖縄の〈怒〉——日米への抵抗』法律文化社、二〇一三年）。その他、爆音。航空機の墜落事故。原野火災。枯葉剤、ＰＣＢ、劣化ウ

ラン弾発射による環境汚染。まさに、「戦争はここにあります」。

　在沖米軍基地の建設は沖縄戦に端を発する。

「日米決戦」は沖縄人が望んだものでも、始めたものでもない。

「沖縄戦」は沖縄人が望んだものでも、始めたものでもない。

「米軍基地の沖縄への集中・固定化」は沖縄人が望んだものでも、始めたものでもない。

　沖縄への基地の集中は、日米両国による人権侵害以外のなにものでもなく、「本土」住民（とりわけ有権者）にも、責任の一端がある。にも関わらず、その多くは沖縄での米兵犯罪、基地被害に対して無関心ではないだろうか。いじめと同様で、傍観・無関心は加担と大差ない。

　今後の対策としては、地位協定を改定し、米兵らに対する刑事裁判権を全面的に日本国が行使できるようにすることが必要だろう。米兵犯罪はできるだけ不起訴にするとか、米兵容疑者の身柄はできるだけ米軍に引き渡すといった密約はもちろん破棄する。基地内に逃げ込んだ容疑者の身柄を、日本側に引き渡すことを原則とすること。「日本側の通告期間一〇日間・二〇日間ルール」の期間は短すぎるので、年単位にする。「公務中」の範囲を厳密に規定する。

その他、米軍特権、思いやり予算廃止。深夜・早朝の飛行の規制※。つまり米軍へのもてなしを止めて、居心地を悪くすることだ。それは沖縄人にとっては、当然の権利の回復への一歩となる。日本政府が米国政府に対して「地位協定を改定し、密約を破棄しなければ、日本人の怒りを抑えきれません」と言い出すまで、抗議し続けたい。

かつて日本人は、山梨、岐阜の海兵隊を、激烈な「反基地運動」によって追い出すことに成功した（そして海兵隊は沖縄に来た）。つまり「県外移設」は可能である。また、前述のように一九五三年に行政協定改定を実現したこともある（密約で骨抜きにされはしたが）。日本人が、沖縄からの「米軍基地県外移設」や地位協定改定を実現できない理由はない。やろうとしないだけである。

ジェーンさんは、「世界一の大国」に対して敢然と立ち向かった。ＰＴＳＤに悩まされ、治療費と訴訟費用がかさんで困窮を極めた。シングルマザーとして子供を育てなければならない。電気を止められたこともあった。タバコとアルコールを常習し、何日も眠らないこともあった。自分には生きる価値がないと感じていた。息子や母親も病気になった。公安関係者にあとを付けられ、写真を撮られた。「世界一の大国の軍隊を相手に、ひとりで戦うことの恐ろしさを例えることはできない」と記しているが、それでも戦いをやめなかった。そして、米国ではじめてレイプ事件に対する日本国の判決が執行されるという成果を挙げた。また、二〇〇七年に国際連合は日本政府に対して、国内どこでもレイプテストキットを利用できるようにすること、二四時間体制のレイプ被害者支援センターを設立することなどを要請した。これもジェーンさんの抗議の成果である。彼女の戦いから学べることは限りなくある。

※沖縄県は、地位協定改定要望案をまとめている。航空機の騒音、環境保護での国内法適用。演習事故・事件に対するペナルティの明記。原状回復義務の明記。不発弾処理の米国側責任明記。税関、出入国管理、検疫の国内法適用。自動車税の民間並み税率適用。公務中、公務外を問わず、米兵らの被害補償の日本政府実施などである（前泊博盛『もっと知りたい！本当の沖縄』）。

（『月刊 琉球』２０１６年7月号）

米軍属の女性暴行・殺害事件の問うもの
――容疑者ケネス・フランクリン・シンザトとは誰か？

はじめに

二〇一六年五月、沖縄で女性暴行・殺害・死体遺棄事件の容疑者が逮捕された。容疑者は元海兵隊員の米軍属、ケネス・フランクリン・シンザトとされている。本稿は、日米地位協定及び日米密約、そして社会にはびこるミソジニー（女性嫌悪）を取り上げ、なぜ米兵犯罪が後を絶たないのか、どうすれば再発を防げるのか検討する。

一、沖縄の自責、「本土」の無関心

容疑者逮捕後、『月刊 琉球』（Ryukyu企画）二〇一六年七月号は、「改めて軍事基地被害を考える」を特集した。いくつか紹介する。浦崎成子は「性暴力事件を防ぐジンブン（沖縄の言葉で「知恵」のこと――筆者注）、知恵も沖縄人にはないのか」「（沖縄人は――筆者注）『再発防止、綱紀粛正』のお題目を唱える二次性暴力加害者たちと何らかかわることもない」と記している。T署名による「追悼・抗議集会」報告では、六月八日の沖縄での追悼・抗議集会における「『なぜもっと基地問題解決にむけて頑張ってこれなかったのか』と自責の念にかられるという声」が紹介されている。

比嘉明子は「ヤマトに住み生活している自分がヤマトに同化しその結果沖縄を抑圧する側になってしまう。そうはなりたくない」と記した。島袋マカト陽子は「私の中にある怒りは外に向かってでもあり、自分に向かってでもある」「同じ言葉しか発せない私。その自分自身に怒ります」と記した。筆者は、自分自身「犯罪に加担する側にいた」と書いた（後述するジェーンさんの事件に対してだが。本書前稿65ページ）。

「自責」の言葉が連なったことは、事件に責任を感じ、自分も加害者だと認識している沖縄人が多数存在することの証左である。SEALDs RYUKYUの玉城愛は、「安倍晋三さん。日本本土にお住まいのみなさん。今回の事件の『第二の加害者』は、あなたたちです」「私に責任がある、私が当事者だという思いが、日に日に増していきます」と訴えた（『琉球新報』二〇一六年六月二〇日）。この発言は、二〇一六年六月一九日、事件に対する追悼・抗議の「県民大会」（那覇市）で発せられた。県民大会には六万五〇〇〇人の参加者があった。沖縄県の人口は約一四〇万人である。

同日、東京（国会前）でも「県民大会」に呼応する抗議集会が開催された。参加者は約一万人。日本国の人口は約一億二七〇〇万人。首都圏だけでも約三六〇〇万人。「本土」の無関心はどうしたものか。なぜ、沖縄人が自責にかられ、「本土」のほうは無関心でいられるのか？

沖縄で米軍人・軍属の犯罪が後を絶たない原因が、巨大な米軍基地の存在にあることは明白だ。二〇一六年七月一〇日の参院選、沖縄の有権者は「辺野古埋め立て反対」から「容認」に寝返った島尻安伊子を落選させ、元宜野湾市長の伊波洋一を当選させた。これで、沖縄の有権者が選んだ衆・参の国会議員はすべて辺野古埋め立て反対派となった（自民党沖縄県連の衆議院議員は、沖縄選挙区で落選、九州比例区で復活当選）。日本国全体では衆・参とも「改憲勢力」が三分の二になった。沖縄に米軍基地を押し込めてきた政権政党を支え続ける「本土」の有権者。

駐留軍用地特措法改悪（一九九七年）、地方分権推進一括法制定（一九九九年）により、沖縄の土地を総理大臣の一存で取り上げ、米軍に供することができるようになった。どちらも日本国の国会で、圧倒的多数の賛成で成立した法律だ。こんな人権侵害を推し進める議員ばかり選んできた「本土」の有権者の責任は小さいものではない。

一九五二年の段階では、日本「本土」に約一三万五二〇〇ヘクタールの米軍基地が存在し、沖縄のそれは約一万六〇〇〇ヘクタールだった。しかし、「本土」から沖縄に米軍基地は移転し続け、二〇一四年には、「本土」約八〇〇〇ヘクタール、沖縄約二万二七〇〇ヘクタールになっている。

事件の加害者は誰なのか？

二、日米地位協定、日米密約

日米地位協定一七条は、「米兵の犯罪について、公務中の犯罪は、すべて米軍が裁判権を持つ」「公務外の犯罪は、日本側が裁判権を持つが、容疑者が基地内に逃げ込んだりして、身柄がアメリカ側にある時は、日本側が起訴するまで引き渡さなくてよい」という内容だ（前泊博盛編著『本当は憲法より大切な「日米地位協定入門」』創元社、二〇一三年）。日本国の捜査機関が容疑者の身柄を確保しなければ証拠を押さえることは難しく、起訴することも困難となる。日本側からの起訴を抑止する規定である。米兵ら（軍人、軍属、その家族）は、罪を犯しても、基地に逃げ込めばなんとかなるという意識を持つ。欠陥だらけの地位協定であるが、さらにこれを骨抜きにする密約が存在した。

日米地位協定の前身は、一九五二年に締結された日米行政協定である（一九六〇年に名称が日米地位協定となる）。第二次大戦敗戦後、占領下の日本には、米兵らに対する裁判権はなく、米兵犯罪は「治外法権」状態だった。当初、行政協定も「治外法権」のままだったが、一九五三年、「公務外の米兵らの犯罪については日本側が第一次裁判権を持つ」と改定された。

ところが、一九五三年一〇月二八日、日米合同委員会で、日本側委員長が声明し、署名した以下のような文書がある。「日本の当局は通常、合衆国軍隊の構成員、軍属、あるいは米軍法に服するそれらの家族に対し、日本にとって著しく重要と考えられる事件以外について第一次裁判権を行使するつもりがないと述べることができる」。

この声明は、行政協定改定を骨抜きにするものだ。よほどの事件でない限り日本国は裁判権を行使しない（起訴しない）という裏約束であり、実態としては占領下の治外法権とほとんど変わらない。また、日本の捜査機関が米兵容疑者を逮捕した場合も、ほとんどの事案で米軍に身柄を引き渡す、との密約も存在する。これらの文書は、二〇〇八年に新原昭治が、米国公文書館で発見した。

新原昭治は、この密約が今も守られていると明言する論文も発見する。在日米軍法務部のデール・ソネンバーグが、「日本は非公式な合意を結んで、『特別な重要性』がない限り、第一次裁判権を放棄することにした。日本はこの合意を忠実に実行してきている」と記していた（『駐留軍隊の法律に関するハンドブック』所収、オックスフォード大学出版局、二〇〇一年）。

二〇〇一年から二〇〇八年のデータでは、米兵による強姦の起訴率は二六％（日本全体では六二％）、強制わいせつは一一％（同五八％）、傷害・暴行が二七％（同五八％）、窃盗は七％（同四五％）だった。公務執行妨害、詐欺、横領は〇％だった。密約は「忠実に」実行されている（以上、布施悠仁『日米密約 裁かれない米兵犯罪』〈岩波書店、二〇一〇年〉、吉田敏浩『密約——日米地位協定と米兵犯罪』〈毎日新聞社、二〇一〇年〉、吉田敏浩『沖縄——日本で最も戦場に近い場所』〈毎日新聞社、二〇一二年〉、新原昭治『日米「密約」外交と人民のたたかい——米解禁文書から見る安保体制の裏側』〈新日本出版社、二〇一一年〉参照）。

沖縄県警によると、「一九七二年の本土復帰から二〇一四年までの米軍人・軍属とその家族による刑法犯罪の検挙件数は五八六二件だった。うち、殺人、強盗、放火、強姦の凶悪事件は五七一件で七三七人が検挙された」「性暴力も繰り返され、強姦事件は未遂を含め、検挙されただけで一二九件に上る」（『沖縄タイムス』二〇一六年五月二〇日）。この数字は検挙件数であり、実際の事件数はこれよりはるかに多いだろう。地位協定、密約の存在が、米兵犯罪を助長している。

元在沖海兵隊員のアレン・ネルソンは「街でどんな悪行を働いても、基地のゲートをくぐってしまえば、私たちは逮捕されることはなかった」と証言している（アレン・ネルソン『戦場で心が壊れて――元海兵隊員の証言』新日本出版社、二〇〇六年）。

これまでも沖縄県は地位協定改定案を作成し、日本政府に訴えてきた。しかし日本国政府は検討もせず、「運用改善で対応」を繰り返す。今回の事件後、沖縄県議会は、地位協定抜本改定と海兵隊撤退などを求める決議と意見書を採択した。あて先は「内閣総理大臣と外務、防衛、沖縄担当の各大臣。抗議決議は駐日米大使、在日米軍司令官、在日米軍沖縄地域調整官、在沖米総領事」（『沖縄タイムス』二〇一六年五月二七日）。ちなみに安倍晋三首相は、事件後、オバマ大統領との日米会談で、地位協定改定に触れもしなかった（『琉球新報』二〇一六年五月二六日）。

米兵らの犯罪を被害者の側から考えると、巨大な米軍基地がなければ、受けなくてもよかった被害である。地位協定が改定され、密約が破棄されていれば、多くの事件を防げただろう。米軍基地を撤去できず、地位協定改定及び密約を放置している政府及び「本土」在住者は、多数の基地被害者を生み出した「結果責任」を負っている（筆者もその一人である）。

米兵犯罪が頻発する原因は、地位協定だけではない。筆者は、社会に蔓延するミソジニー（女性嫌悪）も、女性への犯罪については無視できない要素だと考えている。あるレイプ事件を通じてこのことを考察する。

三、社会にはびこるミソジニー（女性嫌悪）と性犯罪

キャサリン・ジェーン・フィッシャーさんは、二〇〇二年四月、ホテルのバーで米兵に薬を盛られ、車に連れ込まれて強姦された。横須賀警察署に被害を訴えるが、警察官は、「身を守る術もないわたしの体に何度も何度も焼き印を押した――不審者。クズ。尻軽。娼婦」。男性警察官は、「どんな風に犯されたのか説明しなさい」と言い放ち、現場で事件を再現させた。明白なセカンドレイプだった。

彼女は横須賀米軍基地で、加害者同席の聴聞に出席し

たが、「米軍は、大事な水兵をいかなる罪でも告発するつもりはない」と告げられた。容疑者は米軍に身柄を拘束されたが、日本の裁判所も米軍の軍法会議も不起訴とした。彼女は民事訴訟を提起するが、訴訟の最中に、米軍は被告の米兵を除隊し、行方が分からなくなる（後に、この米兵がアメリカに帰って、性犯罪を繰り返し、被害者が増え続けたことが判明する）。二〇〇四年一一月、民事訴訟の判決は原告勝訴となるも、被告も米軍も損害賠償せず、日本国の防衛省が見舞金を支払った。

その後、彼女は一〇年もかけて加害者を探し出し、二〇一二年、ウィスコンシン州の民事訴訟で勝訴するが（賠償金一ドル）、刑事事件としては、結局不起訴になっている。米軍と日本の司法は地位協定、密約に従い、全力で米兵犯罪者を守り、全力で被害者を攻撃し、尊厳を踏みにじった。彼女は、横須賀警察署で想像を絶する人権侵害を受け、彼らを「女性嫌悪者（ミソジニスト）の無神経な警察官たち」と表現している。警察官や米軍高官、日本の官僚がいかに彼女の尊厳を傷つけたか、彼女の著書『涙のあとは乾く』（講談社、二〇一五年）、『自由の扉――今日から思いっきり生きていこう』（御茶の水書房、二〇〇九年）を、ぜひお読みいただきたい。

上野千鶴子はミソジニーに「女性嫌悪」「女ぎらい」「女性蔑視」という訳語をあて、奥本大三郎を引用し、「自分を性的に男だと証明しなければならないそのたびに、女というおぞましい、汚らしい、理解を超えた生き物にその欲望の充足を依存せざるを得ないことに対する、男の怨嗟と怒りが――女性嫌悪である」と記している。

また、佐藤裕を参照し、男性が女性を見下す言動をとるとき、それは女性ではなく男性に向けられており、女性を他者化することで「同じ男たち（われわれ）を構成する」と述べている。さらに、彦坂諦を引用し、戦時強姦がしばしば仲間の面前で行われる公開の強姦だったり、仲間同士の輪姦だったりするのは、「戦時強姦の目的は男同士の連帯を高めるため」だからだと記している。別の個所では、「自分は女ではないというアイデンティティだけが、『男らしさ』を支えて」おり、「輪姦は性欲とは無関係な集団的な行為であり、男らしさの儀礼である」と説明している（上野千鶴子『女ぎらい——ニッポンのミソジニー』紀伊國屋書店、二〇一〇年）。

一九九五年の沖縄少女暴行事件は、米兵三人による輪姦だった。沖縄返還の一九七二年から二〇一〇年までに、強姦（未遂含む）の検挙件数は一三〇件、人数は一四七人（ガバン・マコーマック＋乗松聡子『沖縄の〈怒〉——日米への抵抗』法律文化社、二〇一三年）。検挙件数より人数のほうが多いということは、複数犯による輪姦事件が含まれていることを示している。

ダグラス・ラミスは、「アメリカでは戦争で人を殺せる人間でないと一人前の男になれない。極論ですが、そのために次から次へと戦場を探しているという説もある」「どの世代にも自分が本当の男であると証明するチャンスを与えている」と述べている（C・ダグラス・ラミス『な

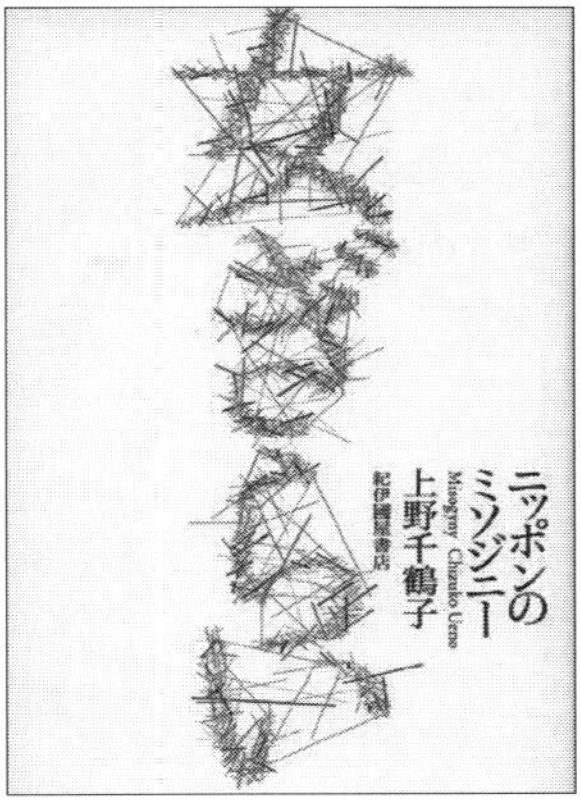

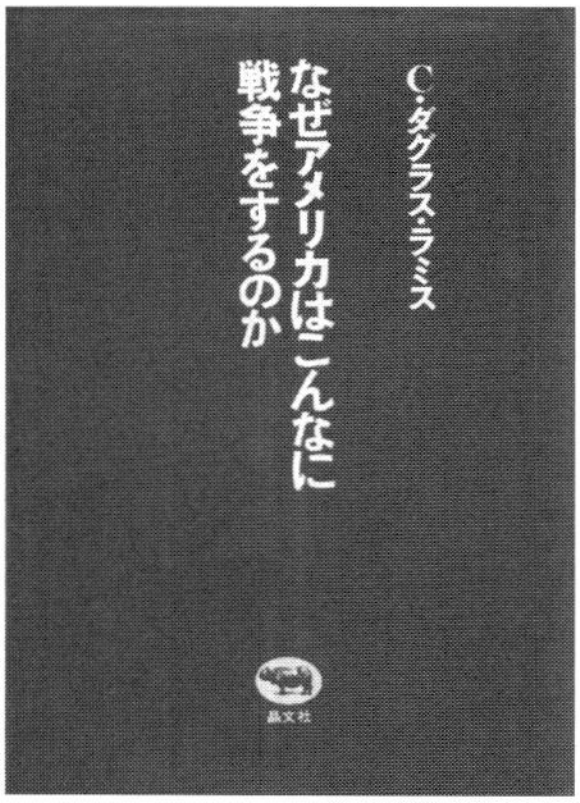

ぜアメリカはこんなに戦争をするのか』晶文社、二〇〇三年)。

他の男に対して「自分は一人前の男だ」と証明しなくてはならないと思い込んでいる男たちがいる。軍隊ではその手段が、敵を殺すことだったり、時に強姦だったりする。自分を「男」だと証明するために戦争を起こしている、は極論としても、人を殺す技術を磨き、殺人や強姦が「男」であることの証明だと刷り込まれた人間(ベトナム、イラク等の帰還兵)を何百万人も抱え込むのがアメリカ社会である(ちなみに、ベトナム戦争以降、アメリカでは殺人、強姦、強盗が増え、ダグラス・ラミスは「戦争の暴力が国内に帰ってくる」と表現している)。アメリカの約四二四〇分の一の面積しかない沖縄にも約二万五〇〇〇人の軍人・軍属がひしめいている。米兵性犯罪が多発し、米軍が性犯罪者を守ろうとするのは、軍隊にミソジニーが浸透していることが理由の一つだろう。

強姦までいかなくても、女性蔑視、セクシュアルハラスメントを繰り返す男性は、ミソジニーの傾向が強く、「男」であることを証明する必要性を強く感じている者と想定することができよう。二〇一四年、東京都議会で女性議員に対して「早く結婚しろ」「産めないのか」というヤジが飛んだ。ヤジを飛ばした自民党の都議は、謝罪はしたが辞職はせず、他の議員も、なにが問題なのかあまり理解していないようであった。日本の政権政党の女性嫌悪ぶりをよく示している事例だが、これに類する言動は、身の回りの職場や地域社会で日常茶飯事ではないだろうか。

日本最大の右派運動体といわれる日本会議は、日本の侵略戦争を「聖戦」と美化し（歴史修正主義）、外国人参政権に反対し（排外主義）、憲法改正を目指していることが指摘されているが、ジェンダーフリーバッシングの急先鋒であることも知られている。歴史教科書からの「慰安婦」記述削除を主張し、「慰安婦」報道を攻撃し、選択的夫婦別姓制度の導入に反対し、男女共同参画にも反対している（『週刊金曜日』／成澤宗男編著『日本会議と神社本庁』金曜日、二〇一六年）。その価値観は、女性や外国人を見下す、独善的で傲慢な「男性中心主義」であり、こうした価値観が蔓延している今の日本社会を、本稿では「男・大人社会」と呼ぼう。日本会議に所属する国会議員

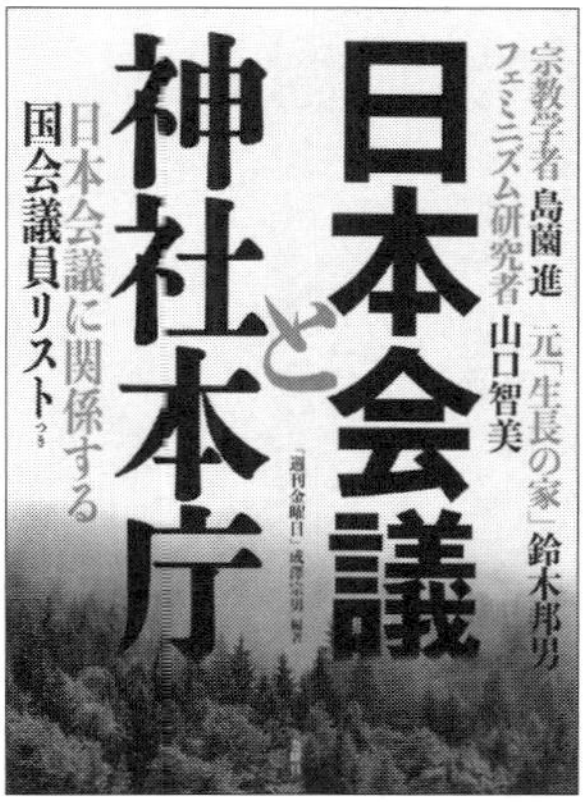

は二八〇名にのぼる。単に集票のために所属している議員が含まれるだろうが、それにしても無視できない数字である。このような議員を支持する有権者が多数存在しているのだ。

前泊博盛は、日本社会は性犯罪に甘いと主張する。性犯罪被害者に対するメディアの無神経な取材攻勢、「誘いに乗った女性が悪い」といった被害者バッシングの嵐（前泊博盛『もっと知りたい！本当の沖縄』岩波書店、二〇〇八年）。

今回の事件でも、インターネット上では、被害者に対して絶句するような誹謗中傷が浴びせられている。

こうした日本社会では、性犯罪への抗議の声が広がりにくい。米兵に限らず、あらゆる性犯罪が軽く扱われている。その土壌の上に、地位協定、密約で守られた米兵たちの性犯罪が引き起こされている。玉城福子は、性暴力に関する「加害者には甘く、被害者の落ち度を責める世間の声」を批判する。性暴力に抗議してきた女性たちは「軍人の時にだけ騒いできたのではない」「生活の中にある性差別におかしいと声をあげてきた人たちである」。そして、「『軍人の時にだけ』騒ぐ方がおかしいのではない。おかしいのは、『軍人の時にだけ』特別扱いをしている日米地位協定の方ではないか」と指摘する（「死者のそばで私たちは何を語るのか」〈『月刊 琉球』二〇一六年七月号〉）。

なお、岡野八代は、ジェンダーフリーバッシングについて、単に日本社会の「女性問題」に対する後進性に起因するものではないと述べている。男女共同参画社会基本法の本質は、「一人ひとりの尊厳が守られる社会へ向かおうとしてきた立憲民主主義社会の理念の実現」であり、「〈ジェンダーフリーバッシングのような――筆者注〉自然を騙り、〈女／男らしさ〉を強要しようとする政治は、わたしたちの尊厳を奪うことに他ならない」（岡野八代『戦争に抗する――ケアの倫理と平和の構想』岩波書店、二〇一五年)。つまり、人間の尊厳を尊重する立憲民主主義の理念が日本社会に共有されていないことも、ジェンダーフリーバッシング横行の原因である。

筆者は、二〇一六年四月二二日、アジア記者クラブ定例会でジェーンさんの講演を拝聴し、前述の「自分も加害者の側にいる」との感想をもった。米軍基地問題解決に全力で取り組まず、ミソジニーに染まった「男・大人社会」を変えようとしてこなかったことを恥じた。今回の事件に対しても、同様の「結果責任」を感じている。

おわりに

米兵犯罪を防ぐには、まず、日米地位協定を改定し、公務外の米兵らの犯罪については日本側が裁判権を行使することを「忠実に」守るようにし、容疑者の身柄を日本の捜査機関が確保できるようにすることが必要だ。また、「公務」の範囲を厳格に限定すべきである(今は米軍のさじ加減。プライベートな飲酒運転さえ「公務」とされ、裁判権が米軍のものとなることが多々ある)。米兵らをなるべく起訴しない、できるだけ米兵容疑者の身柄は米軍に引き渡すといった密約も破棄すべきだ。地位協定、思いやり予算による様々な「米軍特権」を廃止し、日本政府が米軍をもてなすことをやめさせよう。

そして、米軍基地被害をもっとも集中的に受けている沖縄から、基地の「県外移設」を進めよう。これは決して突飛な話ではない。

一九九五年、茨城大学教職員組合は、「沖縄県のみへの基地の集中を放置するのではなく、日本全都道府県に均等に米軍基地がおかれることもありうべきと考えています」というメッセージを発していた。組合執行委員長だった雨宮昭一は、「本土」の方で基地を引き受けた上で「望むなら反基地運動を展開して、安保反対そして安保破棄を求めるほうが良い」と記している（雨宮昭一『戦後の越え方――歴史・地域・政治・思考』日本経済評論社、二〇一三年）。

しかし、この提案はほとんどの日本人に共有されなかった。「本土」側から沖縄への米軍基地集中を解消するという選択肢が示されていたのに、多くの「本土」在住者は無視したのである。沖縄から「県外移設」を訴えるとイヤな顔をする「本土」の人間がいるが、そのイヤな気持ちを沖縄住民が何十年も味わっていることを想像できないのだろうか。「本土」でも基地を自分の問題として実感するために、沖縄から「本土」に基地を移設し、その上で「安保反対、安保破棄を求める方が良い」。

また、私たちは「男・大人社会」を変えなくてはならない。それは、米兵によるものだけでなく、あらゆる性犯罪に抗議の声をあげ、防止策を講じ、性犯罪被害者を支援できる社会、ひいては、一人ひとりの尊厳が守られる社会の実現につながる。

ジェーンさんは、海外では当たり前に設置されている二四時間体制のレイプ被害者支援センターを日本に設立する活動をしている。時には、沖縄に飛んで行って集会でのスピーチなどを行っている。辺野古埋め立て反対の集会にも頻繁に参加している。今回の事件後、メディアからの取材も殺到。講演やスピーチや取材はほとんどの場合ボランティアであり、交通費さえ自腹の時も少なくない。レイプによるＰＴＳＤの治療費や裁判費用で経済的には苦しく、電気を止められたこともあるのにだ。全身全霊、米兵犯罪防止、性犯罪被害者支援に打ち込んでいる。

沖縄県議会、地方議会は何十年も米兵犯罪、事故があるたびに、日米当局に抗議してきた。辺野古、高江をはじめ基地反対運動も続けられている。私たち「本土」在住者が、ジェーンさんや沖縄の行動から学び、基地被害を無くすためにできることはたくさんある。それは、加害者であることから解放されることとなり、もっと住みやすい社会を作ることに参加することになる。

（『季刊　現代の理論』デジタル版９号、２０１６年９月）

沖縄の慰安婦に関するノート

一、『終わらない冬』

二〇一五年、沖縄戦の慰安婦を題材にした絵本『終わらない冬――日本軍「慰安婦」被害者のはなし』（カン・ジェスク文、イ・ダム絵、ヤン・ユハ／都築寿美枝訳、日本機関紙出版センター）が出版された。四〇ページあまりの物語であるが、日本国が朝鮮半島住民に対してどのように接してきたか、ポイントを押さえて描かれている。

あらすじは以下のようなものである。

・主人公の村では、日本人が食料を奪っていくので、村人は飢えていた。

・日本の軍人、巡査が娘たちをだましてトラックに乗せ、主人公も船で見知らぬ島につれていかれる。赤瓦の家の絵。

・日本の兵隊がやってきて「ここは慰安所だ」といって覆いかぶさってくる。
・兵隊たちは列をつくり、来る日も来る日も押し寄せてくる。
・島には逃げるところもなく、食事は「飢え死にしないぐらいしか出ませんでした」。
・同郷の慰安婦の一人は海に身を投げた。
・米軍が上陸して地上戦が始まると、日本の兵隊は「わたしたちを置き去りにして　どこかへ行ってしまいました」。

・日本が戦争に負け、朝鮮への船に乗ったときに「連れてこられた島が沖縄だということを知りました」。
・帰郷後も「慰安所での生活が夢の中にも出てきて、わたしを苦しめました」。
・慰安所のことは「だれにも言えず」、罪悪感をかかえて生きてきた。
・ある日、テレビで慰安所の話をするハルモニを見て、「初めて大声を上げて泣きました」。「そしてわかったのです『わたしはなにひとつ悪いことをしていない……罪があるのはわたしたちじゃなくて、戦争を起こしたおまえたちだわたしたちの国から平和と自由をうばい　わたしたちをつ

かまえて行って　むごい目にあわせたおまえたちこそ罪人だ』」。
・主人公は「学校にも行けなかったし、知識があるわけでもないけれど　わたしのような辛い思いをする人がもう出ないよう　二度とおなじようなまちがいがくりかえされることのないようにみんなにわたしの話をしていこうと思っています」。最後のページは、車座の子供たちを前にする老婆の後ろ姿の絵。

著者の解説によると、金順徳《キムスンドク》ハルモニ、裵奉奇《ペポンギ》ハルモニを「思いつつ書いた」という（ペ・ポンギさんについては二でふれる）。つまり複数の慰安婦をモデルに創作された物語となっている。また、「沖縄は、日本の本土から疎外されている地でもあって、わたしは何回も沖縄を訪ね、裵奉奇ハルモニの住んでいらしたあとをたどってみました。こうしたなかで、このハルモニたちの話を、絶対に子どもたちに語らなければならないと、繰り返し心に誓ったのです」と記している。

この本は二〇一〇年に韓国で出版されたが、「歴史修正主義の流布・跋扈という逆流が強まり、日本での翻訳・出版は頓挫を余儀なくされようとするに至りました」（絵本『終わらない冬』出版日本の会代表 石田信己による解説）。「逆流」のなか、日本での出版を実現した関係者に敬意を表したい。

沖縄戦に関する書籍は多数あるが、慰安婦の叙述は決して多くない。だが、日本国及び米国の残虐行為を明らかにする上で、沖縄の慰安婦たちを知ることは重要である。

近代以降の沖縄は植民地との共通点が多い。沖縄には日本「本土」と異なった法制度が施行され（現在でも沖縄だけをターゲットにした差別立法がある）、地上戦を経験したのも「本土」ではなく、沖縄、植民地である。戦後、分断されて軍事基地化され、戦争の脅威にさらされているのも沖縄、台湾、朝鮮半島である。そして、慰安婦が徴集されたり、あるいは軍慰安所が設置されたりしたのも沖縄、朝鮮半島、中国、台湾、東南アジア、南洋群島などである（「日本人」慰安婦もいたし、日本各地にも慰安所はあったが、地上戦を経験した沖縄・植民地とは性格を異にする）。沖縄戦には朝鮮や台湾などから軍夫や慰安婦が多数参加させられ、差別・迫害を受け、戦死していった。慰安婦たちは戦後も大変な苦労を強いられている。

二、沖縄戦の慰安婦の概要

資料として、吉見義明編『従軍慰安婦資料集』（大月書店、一九九二年）に「沖縄における慰安婦・慰安所」という項目があり、軍慰安所建築、会報等が掲載されている。法制度については、浦崎成子が「日本軍『慰安婦』に関わる法律・諸規則」を『うるまネシア』16号（Ryukyu企画、二〇一二年）に発表している。

浦崎は藤目ゆきの以下の言葉を引用して「結び」としている。「公娼であったか良家の子女であったかということは本質的な問題ではない。……日本の公娼制度それ自体

が、暴力的で軍国主義的な制度であった」。

福地曠昭『オキナワ戦の女たち——朝鮮人従軍慰安婦』（海風社、一九九二年）は、「国内の軍隊には慰安所などありえないはずだったが、沖縄には海外基地なみの慰安所が配置された」と指摘する。また、慰安婦のみならず朝鮮半島から強制連行されてきた人夫たちが日本軍によって「牛馬以下に扱われ」、危険な作業を強制され、スパイ容疑で惨殺され、マラリヤで死んでいった例を紹介している。慰安婦が甘言によってついてくる背景として「土地調査で土地を奪われ、日本銀行に金を奪われ、朝鮮を米の供給地として定め、日本がお金を持ち出していくため、朝鮮人はお米を食べることができ」ず、腹いっぱい飯が食えるという言葉は「十分魅惑的だった」という事情があった。渡嘉敷島は、赤松大尉によって三二九名の島民が集団死させられたことが知られているが、日本軍は、多数の朝鮮人軍夫をスパイ容疑で虐殺した。朝鮮人約二〇〇名のうち約一五〇名が戦死し、その中には四名の朝鮮人慰安婦が含まれる。

沖縄戦において、日本軍による住民虐殺、略奪、集団死の強制が頻発したことは周知の通りであるが、被害者の中には朝鮮半島から連行されてきた慰安婦や軍夫が多数含まれている。そして戦後、原則として恩給法、各種援護法から旧植民地出身者は排除され、生き残った者や遺族に対

して、遺族年金、保障、医療保険がなかったことを忘れてはならない。

　吉見義明・林博史編著『共同研究　日本軍慰安婦』（大月書店、一九九五年）には、沖縄と他府県の慰安所の異同に関する考察がある。日本「本土」では軍慰安所といっても遊郭などが利用され戦地の慰安所とは異なる、また炭鉱や軍需工場などに事業場慰安所が設置されている。

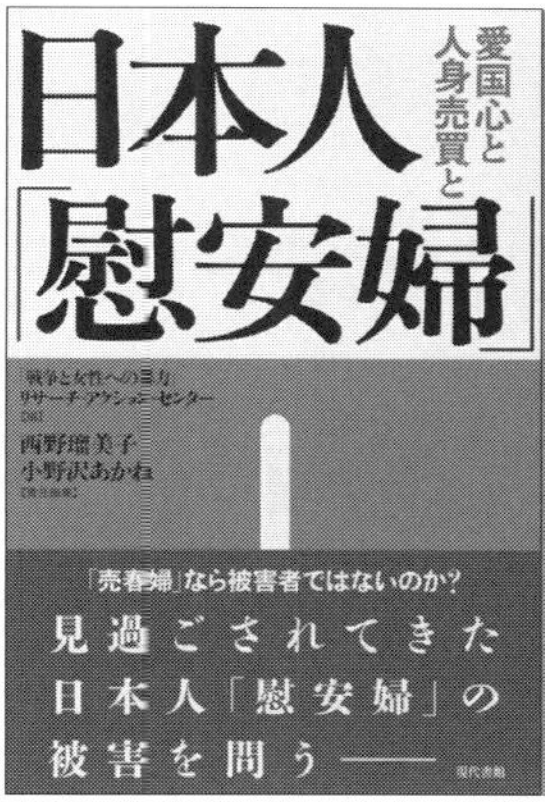

　「戦争と女性への暴力」リサーチ・アクション・センター編『日本人「慰安婦」——愛国心と人身売買と』（現代書館、二〇一五年）によると、沖縄の慰安所は軍が自ら建設・設置したものであり、自宅を慰安所にとられ「一家五人は床もない製糖小屋に追いやられた」例もあった。辻遊郭の女性たち約五〇〇人が慰安婦として動員され、朝鮮、台湾、日本「本土」の女性も連行されてきた（沖縄島その他の島に一一二軒の慰安所）。

　高良沙哉『「慰安婦」問題と戦時性暴力——軍隊による性暴力の責任を問う』（法律文化社、二〇一五年）によると、ペ・ポンギさんは、二九歳の時、朝鮮人と日本人二人の男性の甘言によって渡嘉敷島に連行され、民間人から接

収した赤瓦の家に収容された。このとき七名の者が朝鮮半島から連行されているが、軍人の食事や洗濯の仕事と騙されてついてきた。「軍人が多く詰めかけたときには、腰や陰部が痛んだ」「生理のときも軍人の相手をしなければならなかった」と証言している。一九四五年三月二三日の空襲以降、七名のうち数名が亡くなった。敗戦後も、沖縄各地を転々とし、売春、女中、食料品売りなどをして生活し、性病に罹患したこともあった。一九九一年、一度も故郷に帰ることなく七七歳で亡くなった。

ペ・ポンギさん以外にも、戦後、沖縄に残った慰安婦たちの中には米軍人や民間人相手に売春をして生計を立てざるを得なかったものが多いという。一九四九年、米軍の示唆で沖縄に歓楽街が作られ、米軍の駐留によって売春街は拡大した。韓国の米軍基地周辺も沖縄と類似しており、高良は林博史の以下の文章を引用している。「東アジアにおける米軍基地は、各地における性売買を大量に生み出し、性売買の隆盛の契機となった」。沖縄では、米軍人相手の売春が、各国から連行されてきた慰安婦たちの受け皿になった。日本国が「慰安所における強制売春」という戦争責任を否定すること及び米軍による性売買興隆は、米軍人による性犯罪と無関係ではなく、「沖縄における軍隊と性暴力の関係は……現在の平時における米軍人による性暴力に続いている」。

なお、高里鈴代『沖縄の女たち――女性の人権と基地・軍隊』（明石書店、一九九六年）は、沖縄、台湾、韓国、東南アジアの共通点として「日本人男性による集団売春観光」を挙げている。そして「売春を可能にしている日本とアジア諸国の経済格差、売春へ送り出すことによって再構築される日本の企業、管理社会、そして家庭の経済的安定、アジア諸国を手段化する差別構造」を指摘する。これは「日本軍の戦意高揚と統制に約二〇万人の朝鮮の女性を『慰安婦』として狩り出した状況にも通じる」。

沖縄の慰安婦について知ることは、単なる過去の出来事の追憶ではない。戦争の爪痕、米軍基地化が引き起こす惨状、日本国・日本社会における女性蔑視（軍隊、企業が存続・発展するために女性を利用する）、アジア地域の人たち（沖縄を含む）への蔑視といった日本国の「現状」を理解する上で不可欠なのである。それは、日本の人権状況の貧しさを直視し、克服すべき課題を見出すことにつながる。

同時に、沖縄社会の問題点を認識し、克服するためにも沖縄の慰安婦から目を背けるべきではない。朝鮮人への差別が沖縄内部であったことも証言されているからだ。「朝鮮ピー、朝鮮ピーと、大人たちが日頃から朝鮮人を差別的に呼称している言葉を使って、蔑みはやしたてる少年たちや、実際に石を投げつける者もいた」（『なは・女のあしあと——那覇女性史（近代編）』ドメス出版、一九九八年）。

「（ある朝鮮人慰安婦は）沖縄人から蔑視された腹いせもあってか、『琉球のくせに』『琉球』と口走り、露骨に反感を示していた」（福地曠昭『オキナワ戦の女たち——朝鮮人従軍慰安婦』）。

三、安倍談話、日韓合意

後田多敦「安倍談話の意味」（『月刊 琉球』二〇一五年九月号、Ryukyu企画）によると、二〇一五年八月の「戦後七〇年安倍談話」の要点は「日本がアジアを侵略し植民地とした歴史の隠ぺいであり……現代における『脱亜』という国家方針の宣言である。安倍談話は、まさに「歴史修正主義の流布・跋扈」の集大成ともいえる蛮行だった。

また二〇一五年一二月の慰安婦問題の日韓合意について、「安倍氏は一九六五年の日韓請求権協定について朴氏に『完全に解決済みとの立場に変わりはない』と伝え……『法的責任』には触れなかった。……ソウルの日本大使館前の慰安婦少女像の撤去は、韓国が『関連団体との協議などを通じ、適切に解決されるよう努力する』との方向性を示すにとどまった」（『東京新聞』WEB、二〇一五年一二月二九日）。

日本の法的責任を認めず、慰安婦少女像の撤去を提起するなど、安倍首相が本気で反省しているとは思われない。速やかに損害賠償を実施し、慰安婦像撤去どころかさらなる像なり記念碑なりの設置を提案するぐらいでないと、国際社会では日本国の反省、謝罪が形だけのもので本音は別だと評価されるだろう。

金昌禄は、梁澄子、和田春樹との座談会（『世界』二〇一五年七月号）で、「（韓日請求権協定では）『慰安婦』問題のような反人道的な犯罪行為から生じる請求権は、そもそもの対象ではなかった」と指摘し、解決法として「日本の国会による法律の制定が、形式としては一番強いもの」で、「法的責任の取り方としては一番明確な形です」と述べている（請求権協定の詳細は、金昌禄「韓日請求権協定」〈『歴史評論』788号、二〇一五年〉参照）。実に正論であると思われるが、「国会による法律の制定」を実現するためには、日本の有権者の民意が重要である。どのような議員を選ぶかである。しかしながら、韓国、中国へのヘイトスピーチが横行し、排外主義的傾向の強い国会議員、地方議員が目立つ昨今、きわめて難しい状況であるといえる。

二〇一二年以降、中学歴史教科書で慰安婦関連の記述を残すのは一社のみとなった。二〇一四年、朝日新聞が吉田証言を巡る「誤報」を謝罪したことをきっかけに、すさまじい朝日新聞バッシングが吹き荒れ、「嫌韓本」が書店にあふれた。ちなみに、今田真人『緊急出版 吉田証言は生きている』（共栄書房、二〇一五年）は、吉田清司の証言がウソであるとの決めつけに警鐘を鳴らし、吉田インタビュー録音テープを全て検証し、「決して虚偽ではない」と主張する。その後、今田は、新資料を発見し、『週刊金曜日』二〇一五年一二月一一日号で「朝鮮人女性『年間1万人』強制連行の動かぬ証拠」を発表している。

沖縄戦における日本軍による虐殺や集団死の強制も歴史教科書から抹殺されようとしている。教育出版が「琉球方言を使用した住民はスパイとみなされ処罰されることもありました」と、日本兵による殺害を「処罰」と表記し、自由社は全く触れず、育鵬社は「戦闘が激しくなる中で逃げ場を失い、集団自決に追い込まれた」と表記している（『東京新聞』、二〇一五年四月一六日）。沖縄と植民地は、日本国による歴史の歪曲、抹殺という点でも共通点がみられる。

いずれにしても、このままでは、日本の侵略戦争、植民地支配、沖縄戦の残虐行為、日本の戦後責任が日本国・日本社会によって消去されていくことが予測される。

むすび

『終わらない冬』には、韓国において日本政府が土地調査事業を実施し、土地・食料・労働力を収奪したこと、朝鮮には義務教育を導入せず女性の大半が国民学校に行けなかったこと、慰安婦関係資料を隠ぺいし、法的な謝罪、賠償をしていない（主人公が罪悪感に悩まされるくだり）といった日本国の責任問題がうかがえる描写がある。この絵本を読み、聞いた子供たちは、成長するにつれて詳しい背景を知ろうとするようになり、事態の本質を理解するだろう。

日本国そして沖縄では、沖縄戦や戦後の米軍統治の記憶は風化しつつあるように思われる。教科書やマスメディアに期待できない以上、われわれはなんらかの手段を講じて、歴史の風化を阻止しなければならない。その際、同様の体験を強いられた沖縄と植民地地域、東南アジア、南洋群島などとは知の共有が求められよう。「沖縄の慰安婦」はそのための重要なテーマではないだろうか。

（『月刊　琉球』２０１６年2月号）

近代沖縄と日本の国防
――断ち切られるべき蔑視と依存の構造

一、安保、平和憲法、沖縄

「日本国憲法の九条を変えないほうがいいと答える日本人は六四％（『朝日新聞』二〇〇九年四月）だが、日米安保条約がアジア太平洋の安全に貢献していると答えるのは七五％（『読売新聞』――ガラップ、二〇〇九年一二月）である」「沖縄での安保支持率は七％だ（『琉球新報』二〇一〇年五月三一日）。安保条約は、米軍基地を日本領土に置く、という条約だ。安保を支持することは、米軍基地を置いてほしい、という意味以外の何物でもない」「その基地を『欲しくない』人のところよりも、『欲しい』と言っている人のところに置くのは……当たり前の考え」（C・ダグラス・ラミス『要石：沖縄と憲法9条』晶文社、二〇一〇年）。

憲法九条（「戦力を保持しない」）と安保条約（米軍基地、兵器を領土内に置く）を同時に支持する日本人が過半数を超えていることをダグラス・ラミスはいぶかっており、次のような例を紹介している。日本には、憲法九条を守る組織が数千もあり、九条を世界遺産にすべきだ、という運動もある。ある「本土」の女性がラミスに、憲法九条が世界遺産になれるかと尋ねたところ、「安保がある限り、それは無理だろう」と答えた。するとその女性は「安保をなくすんですか。だって日本は無防備でしょう。……危ないじゃないですか」と反応した。このような分裂した考え方は「沖縄を利用して」可能になっていると、ラミスは述べる。

すなわち、日本は平和憲法を持っている→平和憲法を維持するためには日米安保が必要である（軍隊がないと危ないから）→安保条約＝米軍基地を日本の領土に置く→米軍基地は沖縄に置けばよい、という論理である。まさに、「沖縄を利用して」自己の安全をはかるという発想である。本稿では、このような日本人の発想の歴史的淵源を考察する。

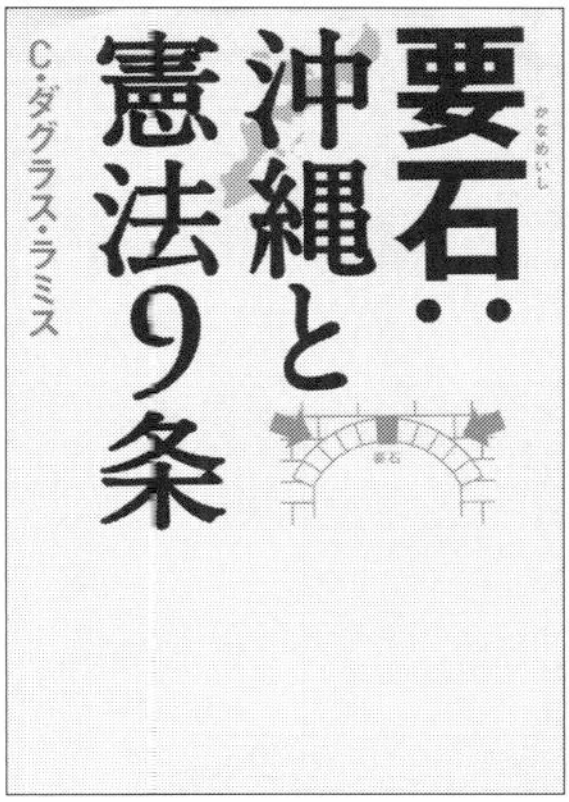

二、国防の要地

琉球は「非武の文化」を持つ国だった。尚氏によって統一国家が成立してから、王府は国内の按司勢力（豪族）から武器を取り上げ、国家の一元管理の下に置いた。一六〇九年、薩摩島津氏は琉球を侵略し、琉球国に武具統制策を実施した。結果的に、琉球国には非武装文化が定着し、一九世紀には欧米にも広く知られた。また、琉球国の「士」は武士ではなく、「刀剣を身に帯びることはなく、文を尊び、科挙（科試）に及第して王府の官吏になることを目指して研鑽するのを本分とし」ており、「武器を持たない琉球が、国を守る手段としたのが、外交術であった」（波平恒男「沖縄がつむぐ『非武の安全保障』思想」〈島袋純／阿部浩己編『日本の安全保障４　沖縄が問う日本の安全保障』岩波書店、二〇一五年〉）。

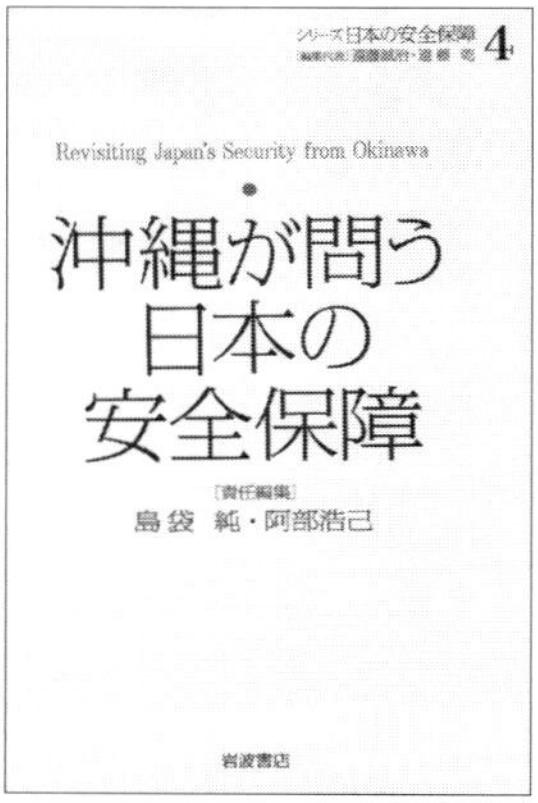

琉球国には、一八四〇年代以降、しばしば異国船が訪れ、開国を迫ってきた。琉球王府は「徹底的な平和外交」という方針を貫き、マニュアルとして「異国人への返答の心得」を作成した。王府は、異国船が必要な品々を無償で与えて対立を避け、異国人に「産物は」と聞かれたら、「黒砂糖、アワなどで、しかも出来高は少ない」と、「貧乏な国」であることを強調した。一八四四年以降、異国人と交渉する臨時の官職を設け、按司や親方を当てた。王府首脳は臨時の官員が時間稼ぎをしている間に、異国の要求を検討し、対応策を考える時間を確保した（琉球新報社／新垣毅編著『沖縄の自己決定権――その歴史的根拠と近未来の展望』高文研、二〇一五年）。

しかし、「琉球処分」により日本国に併合されて以降、琉球国の「非武の文化」、「徹底的な平和外交」は否定される。日本国は、日本国の侵略行為に沖縄住民を加担させ、また、日本国の戦争遂行のために沖縄住民に犠牲を強いていく。

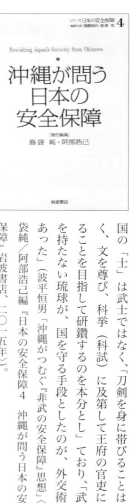

まず、日本国の国防における沖縄の位置づけに関する意見を概観しよう。

福澤諭吉は、一八八六（明治一九）年九月二一日の『時事新報』で以下の意見を発表している。

「兵備拡張の事は我輩の常に言う所にして」「八重山の港に軍艦を繋ぐか、又は陸上に兵隊を屯せしめ、八重山より宮古沖縄を経て鹿児島に電信を通じ、軍艦をして常に其近海を巡廻せしめることが至急の急要」（「宮古八重山を如何せん」）

福澤は、欧米列強の東洋進出に備えて防備を固めよとの主張の中で、八重山への軍艦配備、兵の駐屯を訴えている。この福澤の意見に影響を与えた人物は、田代安定である。福澤は、上述の「宮古八重山を如何せん」において、「鹿児島の士人田代安定に面会し、其言を聞くに付けても……」と記している。

田代安定は一八八二（明治一五）年に、農商務省農務局陸産係として沖縄県に出張し、さらに一八八五（明治一八）年から一八八六（明治一九）年にかけて二度目の沖縄調査を実施している。

田代安定「八重山群島急務意見書」（成城大学民俗学研究所『傳承文化』7号・一九七一年所収）は、一八八六（明治一九）年八月に明治政府に提出した意見書で、八重山の防備、「島民の鎮定」、産業育成等を提案している。その中から防備を中心にみていこう。

意見書の「第一項　第一条」は、「軍備拡張ノ事」である。「八重山ノ群島タル我カ版図ノ南門ニ当リ直ニ隣敵ニ臨ムノ地ナレバ今日ノ急務ハ兵営ヲ設置シテ其鎖鑰ヲ固フシ一ハ以テ外寇ノ予防ニ備ヘ一ハ以テ島民ノ方向ヲ鎮定スルニ在リ」「船浮港ニハ四時交代ノ軍艦弐艘ツヽヲ繋泊シ水雷船ト小飛脚船若干艘ヲ附添シ此軍艦ハ即チ南海巡邏艦ノ一ニ属シテ常ニ台湾及ヒ支那福州近海ヲ巡航シ傍ラ海岸測量等ヲ為テ……」

以上のように八重山の防備を強調しつつ、「島民ノ方向ヲ鎮定スル」ことを主張している。これは「皇化」を進めるということであり、沖縄は「皇化ノ洽カラサル」地域であるとの認識があった。教育は「皇化」の手段とされ、「青年ノ徒ハ人物ヲ選択シテ内地殊ニ東京辺ニ遊学セシメテ頑夢ヲ覚醒シ皇化ニ帰セシムルヲ先務トス」と提案している。

さらに「八重山群島ハ総テ内地人ヲ以テ埋塡シ益々国権ヲ拡張スベシ」「女子ノ如キハ成ル可ク内地移住民ノ配偶ニ充ル様ニ漸次此属民ヲ内地人ニ向化親睦セシムルコト」と主張しており、国権拡張を目的とした八重山の「内地化」を説いている。

また、「其事業ヲ中央政府殊ニ内務省ノ直轄ニシテ一ノ事業管理所ヲ設ケ之ニ内務幷農務兼任ノ理事官ヲ置キ同島管理ノ全権ヲ此理事官ニ委任」と、八重山の防備・改革事業を政府直轄とすることを提案している。

また、事業遂行のために警察権を拡張し、警察官に裁判権までもたせ、沖縄住民の諸活動に対する取り締まり、監視を強化する必要があると説いている。以下のように、警察権の拡張は、人権の制限、停止をともなう。

「本島ノ事業ヲ拡張スレバ随テ警察ノ権利ヲ拡張セサルヲ得ズ」「警察官ヲ増加シテ各自裁判事務ヲ兼任セシメ同島従来ノ律例ヲ損益シテ訴訟商業其他諸般ノ法度ヲ更生シ山林船舶等一切ノ取締ヲ厳密ニスルニ在リ即チ非常ヲ戒ムルニハ営兵アリト雖モ常ニ警察官ヲ以テ惣体ヲ監視セシメ……」

田代の訴えを、時の政府は「時期尚早」として退けた（清国との沖縄領土問題があったため）。しかし、田代は品川弥二郎、森有礼、松方正義、井上馨、山県有朋ら、政府要人に強く働きかけており、前述のように福澤諭吉にも影響を与えている。そして、田代の構想は沖縄戦における、沖縄守備隊第三二軍の創設、軍機保護法による特殊地域指定、日本軍による沖縄住民虐殺行為を想起させる。沖縄戦は日本軍による究極の直轄支配であった。日本国の国防のために、沖縄住民の権利は侵害してもよいとの発想が明治期に芽生えていた。

山県有朋内務大臣は一八八六（明治一九）年二月に沖縄を巡視し、県治の状況と国防について視察した。同年五月、明治政府に対して「復命書」を提出し、その中で沖縄の軍備拡張を主張している。「沖縄ハ我南門、対馬ハ西門ニシテ最要衝ノ地ナレハ……南海諸島常備軍隊ノ制ヲ確定シ、電線ヲ布設シ、其通信ヲ便ナラシメ、益々人心ヲ撫安シ、以テ外寇防禦ニ充ツヘシ」。宮古・八重山には「軍艦ヲシテ時々諸島ヲ巡視セシメ、一ハ以テ航海ノ針路ヲ明カニシ、一ハ以テ防護ノ準備ニ注意セシムヘシ」。

なお、山県の沖縄住民に対する印象は頗るよろしくない。「徴兵ノ召集ニ応セシメ、各隊ニ編入スルノ法ヲ設ケ、常ニ各鎮台ニ分派シ、我内地ノ制度風俗及ヒ、兵制ノ大要ヲ領知セシメ新陳交換シテ以テ星相ヲ経ハ、其愛国ノ気風自カラ振作勃興シ……」。すなわち、沖縄住民は、軍隊に入れて「内地ノ制度風俗」を叩き込み、愛国心を養う必要が

あると認識している。前提として「其土人ノ心術情状ヲ察スルニ、維新ノ恩典ヲ顧ミス両属ノ念頑然猶絶エス」という沖縄イメージがあった（福澤諭吉、田代安定、山県有朋については、三木健『八重山近代民衆史』〈三一書房、一九八〇年〉参照）。

山県の沖縄住民に対する印象は、のちの日本軍部の沖縄観と類似する。沖縄住民は愛国心に乏しく、信用できないとする軍部の沖縄観は、沖縄戦時の日本軍ももっており、その不信感が沖縄住民をスパイ視し、虐殺することにつながっていく。

三、沖縄の軍事施設

上述のように、明治政府は沖縄を国防上の要地と認識していたが、アジア太平洋戦争末期まで、本格的な軍事施設は建造しなかった。沖縄は歩兵連隊が設置されなかった数少ない県の一つであ

るが、日本軍が沖縄出身兵に不信感をもっていたことが原因だといわれている。よって、沖縄で徴集された兵士は九州各県に派兵された。

一八七六（明治九）年に熊本鎮台の分遣隊が沖縄に派遣され、一八七九（明治一二）年の「琉球処分」の際に、三二〇人の陸軍部隊が派遣されている。また、一八九六（明治二九）年まで九州から歩兵一個中隊が交代で派遣されている。沖縄への派遣隊の目的は、山県有朋によると「本県ノ民心ヲ鎮撫スルカ為」、すなわち沖縄内の治安維持であり、「隣敵」に備えるものではなかった。いわば沖縄の抗日運動への備えだったといえよう。よって、一八九五（明治二八）年、日清戦争で琉球国復活の可能性がなくなると、派遣隊は引き揚げた。

大規模な軍事施設は、太平洋戦争直前から建設されはじめ、一九四一（昭和一六）年七月、臨時要塞建設が発令され、一〇月に中城湾臨時要塞司令部と船浮臨時要塞司令部が沖縄に到着した。陸軍は、一九四三（昭和一八）年、不時着用の飛行場（読谷）の建設に着手した。海軍は、一九四二（昭和一七）年に石垣島平得、一九四三（昭和一八）年に宮古島、石垣島大浜などに飛行場建設をはじめた。日本国が沖縄に本格的な軍隊を配備するのは、一九四四（昭和一九）年三月、沖縄守備隊第三二軍の創設以降である（『沖縄県史 各論編5 近代』〈沖縄県教育委員会、二〇一一年〉、林博史編『地域の中の軍隊6 大陸・南方膨張の拠点：九州・沖縄』〈吉川弘文館、二〇一四年〉）。

沖縄の軍事施設について、我部政明の次のコメントが参考になる。

「（一九二二年のワシントン会議において）琉球以南に日本の基地は造らないという条件で、南太平洋の日本の委任統治を認めるという取引が行なわれている。これは日本の膨張を抑えるため、フィリピンを拠点にしていた米国が太平洋の支配維持の見地から行なわれた。……沖縄の戦略的位置はそこに住む人間の意思に関係なく決定されている。決定するのは、沖縄の人間でも地理的位置でもなく、周りから見て勢力圏を描く人々の考え方である」（琉球新報社編『新南嶋探験――笹森儀助と沖縄百年』琉球新報社、一九九九年）。

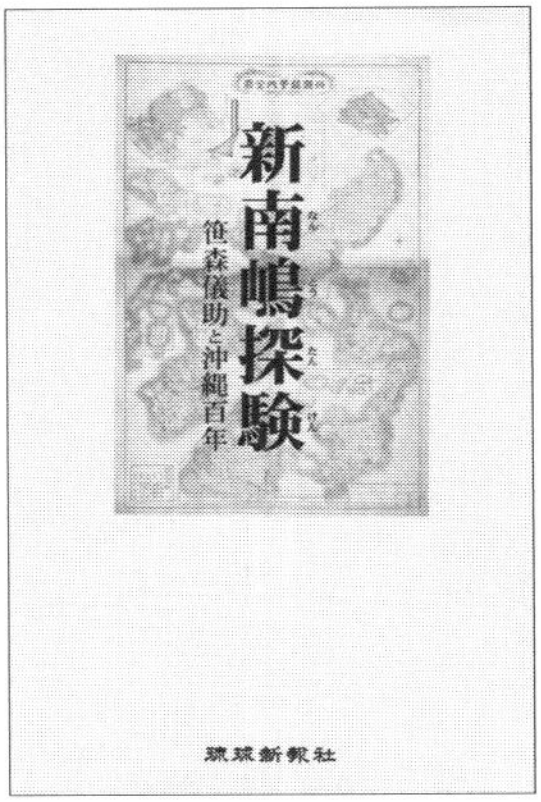

四、徴兵制の施行と徴兵拒否

一八九八（明治三一）年、日本「本土」より二五年遅れて沖縄に徴兵令が施行された。しかし大陸への脱出を試みたり、身代わりをたてたりする徴兵忌避者が続出した。徴兵令施行から一九一五（大正四）年までの間に七七四名の者が、徴兵忌避で逮捕、告発された（琉球新報社編『新南嶋探験――笹森儀助と沖縄百年』）。

また、移民に徴兵忌避の意図があるとみなされることもあった。海外に在留しているために徴集が延期された者は、一九三五（昭和一〇）年時点で全国に五万一七二二人いたが、府県別では沖縄県がもっとも多く九四七二人であった。一九四〇（昭和一五）年、留守第六師団長河村薫は、陸

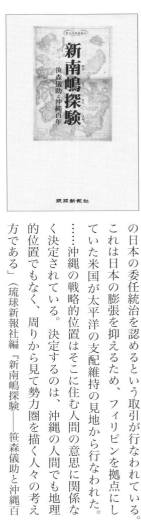

軍大臣に以下のような報告書を提出した。海外渡航者が「事変前ノ三倍ニ激増」していることを指摘した上で「間々合法的徴兵忌避ノ悪質ニ基ク渡航トモ思考セラルル向アリテ徹底的方策ヲ講スル要アリ」。沖縄県は一九三九（昭和一四）年に「徴兵検査未済者の海外渡航防止」の通牒を市町村に出しており、「徴兵忌避の疑いある者、又は其の誤解を受ける事情のある者は極力阻止方法を講ずること」とし、市町村会議でも「一九歳以上の徴兵検査未済者の海外渡航は禁止」することを指示した（林博史編『地域の中の軍隊6 大陸・南方膨張の拠点：九州・沖縄』）。

吉浜忍「明治期の沖縄における海軍志願兵」（沖縄国際大学南島文化研究所『南島文化』24号、二〇〇二年）によると、一八九九（明治三二）年の沖縄県の海軍志願者は一三名であるが、同年、宮崎県は三七九名、鹿児島県は九二二名である。一九〇六（明治三九）年には、沖縄県の志願者は四〇名に増えたが、宮崎県は七一二名、鹿児島県は一四五五名に増えた。大正から昭和初期にかけて、沖縄県の海軍志願者数は四〇名前後から八〇名前後で推移している。ただし徴兵制施行により、「沖縄でも毎年のように徴兵検査、入営、出征、帰還、戦死などの軍事にかかわる風景がみられたはずだ。これらの延長戦に沖縄戦があるという認識を持つ必要がある」。

以上の状況を踏まえて、軍部の沖縄県民観を、石原昌家「沖縄戦の諸相とその背景」（『新琉球史近代・現代編』琉球新報社、一九九二年）からみていく。一九一〇（明治四三）年度「沖縄警備隊区徴募概況」では、沖縄県民は普通語を理解する者が少なく、徴兵業務に支障をきたしており、徴兵忌避の観念が強いと嘆いている（普通語を話せないと偽って徴集を逃れようとする）。沖縄連隊区

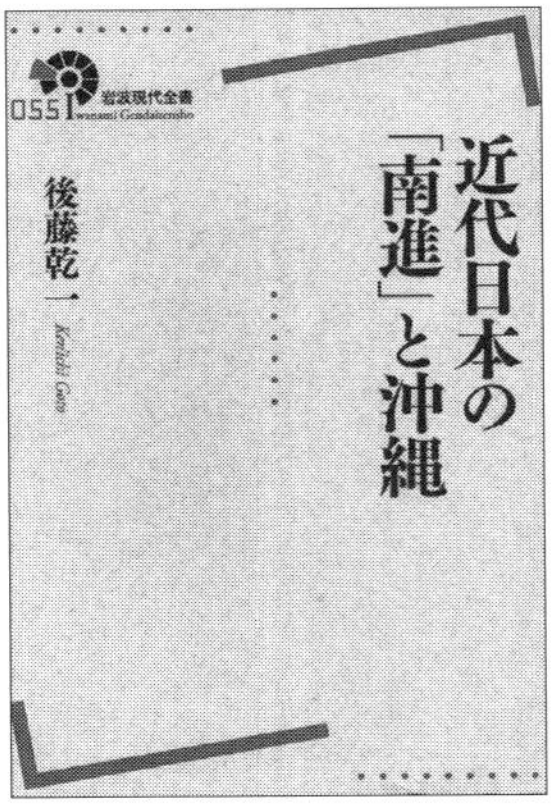

司令部、一九二四（大正一三）年一二月発行「沖縄県の歴史的関係及人情風俗」でも、沖縄県民は教育程度が低級なうえ、皇室国体に関する観念が徹底していないことを短所と指摘している。さらに沖縄は移民県で、アメリカやハワイに多数出かけているので思想上に及ぼす影響が懸念されるとも記している。一九三四（昭和九）年、沖縄連隊区司令官の「沖縄防備対策」には、沖縄県民の国家意識、愛国熱は他地方と較べられないほど低く、外国からの支配をうけると容易にその支配に甘んじるだろうと記されている。

徴兵忌避は、「伝統的に『非武の文化』をもつ沖縄の人々の間には、徴兵に対する強い違和感があった。海外移民も、徴兵に対する消極的抵抗の一形態」という見方もできる（後藤乾一『近代日本の「南進」と沖縄』岩波書店、二〇一五年）。しかし、日本国特に軍部は、愛国心、皇室観念が希薄であることを沖縄住民の欠点ととらえた。沖縄戦における、日本兵の残虐行為の要因の一つは、このような沖縄住民に対する蔑視である。

五、沖縄戦と軍機保護法

日本軍の沖縄住民スパイ視及び軍機保護法についてみていこう。明治期の田代安定の構想にあった「警察権の拡張」が、日本兵によって極限まで拡大されて行使され、人権蹂躙という形で顕在化したのが沖縄戦である。

一部の日本兵は、言いがかり、腹いせ、食料を強奪する口実として沖縄住民をスパイ視した。負け戦を沖縄住民に責任転嫁する日本兵もいた。方言をしゃべる者、外国帰り、外国語を話せる者は特にスパイ視されやすかった。ペルー帰りのある人物は、収容所の班長をしていたが、それを知った日本兵が彼を呼び出し、スパイだといって日本刀で斬った。日本語を話せない老人が、三日ほど縛られた後、銃殺された。ある日本兵は、壕に避難していた老婆に「この壕から出なさいと」命じたところ、老婆が方言で返事をしたため、軍刀で首を切り落とした（沖縄探見社編『沖縄戦の「狂気」をたどる』沖縄探見社、二〇一二年）。

このような日本兵の残虐行為の法的根拠は軍機保護法である。我部政男「沖縄戦争時期のスパイ（防諜・間諜）論議と軍機保護法」（法政大学沖縄文化研究所『沖縄文化研究』42号、二〇一五年）は、沖縄戦において軍機保護法の果たした役割を考察している。三二軍のスパイ観については、「軍人軍属ヲ問ワズ標準語以外ノ使用ヲ禁ズ（沖縄語デ談話シアルモノハ間諜ト看做シ処分ス）」（三二軍参謀長・長勇）に端的にあらわれており、この命令は「軍の自

信喪失と住民への猜疑心を露呈したものであった」。

さらに、「沖縄秘密戦構想には、沖縄住民を戦力として利用する大がかりな作戦が予定されて」おり、「軍官民共生共死」によって戦争が進められていく。その際軍部は「皇民意識ノ徹底セザル」沖縄住民に不信感をいだきながら、その住民の協力を必要とするというジレンマに陥っていた。そこから「スパイ嫌疑」が発生した。

石原昌家「沖縄戦の諸相とその背景」も沖縄戦における軍機保護法の影響を指摘しており、「陣地周辺をうろつくものはスパイ視されたという複数の証言」があり、「戦場でスパイ視されるということは『軍機保護法』が拡大解釈され、ただちに『処刑』されることを意味していた」。

軍機保護法は「軍事上ノ秘密ヲ探知シ又ハ収集シタル者之ヲ公ニシ又ハ外国若ハ外国の為ニ行動スル者ニ漏泄シタルトキハ死刑又ハ無期刑若ハ三年以上ノ懲役ニ処ス」という内容で、地上戦の舞台となった沖縄では「軍に協力していた住民が、米軍の進撃を目前にして、家族の避難壕を捜し回っているうちに別の部隊の兵士にスパイ視」された。単に戦場を逃げ回っていても、日本兵は軍事機密の探知、収集と受けとめることがある。これが、「軍官民共生共死」の実態である。

六、沖縄利用・依存からの脱却

沖縄戦は、国体護持及び「本土」決戦を遅らせるための持久戦だった。日本国は沖縄住民を盾として利用した。冒頭で述べたように、憲法九条支持者の発想の中にも「沖縄利用」が存在する。

背景には、沖縄住民蔑視があった。軽蔑しながら利用する、頼る、依存しているといってもいいだろう。なお、米軍統治の二七年間、米軍は沖縄を「直轄支配」し（布令・布告）、沖縄返還後も日米安保、地位協定体制下に置き、沖縄住民の人権を侵害している（生存権、土地所有権、地方自治、集会結社の自由等。例えば辺野古新基地反対抗議に対する海上保安庁による違法な弾圧やスラップ訴訟）。二〇一三年、日本国の国会は特定秘密保護法を可決した。同法の悪影響を集中的に受けるのは軍事基地周辺地域である。沖縄はスパイ視される可能性がもっとも高い地域となる上、住民に必要な情報も「防諜」の名の下、今まで以上に入手しにくくなる。沖縄住民の犠牲と引き換えに、「本土」住民は「米軍に守ってもらえる」という安心感を得ている（巨大な軍事施設を維持するためには、直轄支配と警察権の拡張――監視、取り締まり――が必要と説いていた田代はさすがであった）。

かかる状況を良しとしない「本土」の住民も存在する。しかし、傍観は加担と大差ない。「本土」の住民（私自身も含む）に問われていることは、どのような方法で沖縄利用・依存を止めるか、利用・依存を促進する動きを阻止するかであろう。ヒントはある。

地方自治の尊重という価値を実現するために、議会決議を通じて、声を上げ始めた自治体がある。「アメリカのバークレー市議会、吹田市、尼崎市、岩倉市、武蔵野市、白馬村の各議会は、沖縄の自治の尊重を認め、沖縄の人々を支援し、辺野古・大浦湾の新基地建設に反対する決議を上げています」（『琉球新報』二〇一五年一〇月一四日）。

また、辺野古新基地建設反対活動を支援する「辺野古基金」への寄付金が、二〇一五年四月の創設から三カ月弱で、三億五〇〇〇万円を突破し、事務局によると「七割は本土からの寄付」（『東京新聞』電子版、二〇一五年六月二七日）。

「本土」のマスメディアは米軍基地関連のニュースをそれほど報じないが、少部数のメディアは積極的である。『DAYS JAPAN』は、二〇一五年六月号で「沖縄をかえせ沖縄のもとに」という特集を組むなど頻繁に沖縄を取り上げている。ホームレスの自立を支援する『THE BIG ISSUE JAPAN』も二〇一五年八月一日号で「平和へ――米軍基地のたたみ方」を掲載している。

とりわけ興味深いのは、「信州発の産直泥つきマガジン」を称する『たぁくらたぁ』34号である。「絶対に造らせない――辺野古の新基地」を掲載し、昆布土地闘争、104号線超え実弾演習阻止、安波ハリアーパッド建設など、「非暴力の抵抗運動」で基地拡張、新設を阻止した例を紹介している。デモでは何も変わらないという意見に対し、「沖縄にはあてはまりません」と記している。「非暴力の抵抗運動」の成功事例を伝えていくことは、今後の抵抗運動の励みになり、継続を促進するだろう。

また、のりこえねっと（ヘイトスピーチとレイシズムを乗り越える国際ネットワーク）共同代表の一人で法政大学沖縄文化研究所兼担所員（法政大学総長）の田中優子は、「（集団的自衛権行使容認について）日本もまた平和実現の手段を『非戦』から『戦争』へと変えるという。……戦争という手段で平和を実現するという方法論が間違っている。……平和を叫ぶのは意味がない。『非戦』という手段を実現するしかない」と述べており、興味深い（『週刊金曜日』二〇一五年八月七日・一四日合併号）。非武と非戦の関係について検討したいと思う。

「本土」住民が沖縄に関心を持つきっかけは、地方自治、自己決定権、民主主義、人権など多岐にわたる。いずれにしても、「沖縄問題」は沖縄住民の行為によるものではなく、戦前は日本国、戦後は日米両国が引き起こしたものであり、解決する責任は、主として日米両国の政府と住民にある。このことを認識し、請願、デモ、情報発信などの行動を起こす「本土」の人間はまだ少数である（日本には一七〇〇以上の自治体があるが、「辺野古新基地建設強行」に対して請願・陳情をしたのは上述の五議会のみ。辺野古新基地反対デモも、反原発や安保法制反対デモに比べて参加者は少ない）。これらの行動の輪をどれだけ大きくしていけるか。日本「本土」の「民度」が試されている。

（『季刊現代の理論』デジタル版６号、２０１５年）

「辺野古違法確認訴訟」高裁判決の問題点

はじめに

二〇一六年九月一六日、福岡高等裁判所那覇支部は、辺野古違法確認訴訟で沖縄県敗訴の判決を下した。高裁は、辺野古の埋め立てを承認した仲井眞弘多前知事の判断に裁量権の逸脱はないと判断し、瑕疵《かし》のない承認を取り消した翁長知事の判断は違法で、国土交通相の是正指示は適法だと判決した(沖縄県は九月二三日に上告した)。高裁判決の問題点を検討しよう。ことの性質上、判例評釈風の堅い表記方法になってしまうが、ご寛恕願います。

一、総　論

①判決は沖縄差別である。公有水面埋立法の許可は、本来、地域の安全や環境を調査して判断すべき事項なのに、いたずらに国防・外交を強調する手法で、法を無視して国の基地建設強行を

正当化した。日本国の安全のために、法律に関係なく沖縄住民は犠牲になれといっている。この判決に抗議しないと、日本国の沖縄差別に加担することになる。

②地理的優位性や軍事的状況、辺野古が唯一の解決策であるといった県と国で異なる主張を認定するには証拠による立証に基づく事実認定が必要だ。しかし高裁は県からの八名の証人申請を全て却下した。翁長知事本人尋問だけで判断することは不可能である。民事訴訟法が規定する手続きを無視した政治的判決である。

③以上のように合理的な根拠を示さず、判決を書いている。裁判官がこんな適当な文章を書くということは、現政権がすべての日本住民を見下していることのあらわれだ。適当に書いても大した騒ぎにならないと楽観しているのである。屈辱を感じるべきではないか。

実際、第二次安倍政権発足後、内閣法制局長官、日本銀行総裁、NHK会長、同経営委員などの人事を安倍晋三の「お友達」にすげ替え、これらを政権の下請けにしてきた。NHK会長は「政府が右というものを左ということはできない」などと発言し、物議をかもした。また、麻生太郎「ナチスの手口を学んだらどうか」、安倍晋三「(憲法解釈の)最高責任者は私です」、磯崎陽輔「法的安定性は関係ない」といった暴言が繰り返されているが(榎澤幸広他編著『これでいいのか!日本の民

主主義——失言・名言から読み解く憲法』現代人文社、二〇一六年）、厳しく糾弾されることもなく、辞職に追い込まれたものはいない。

④また、判決は地方自治の本旨を規定する憲法を軽視している。この判決を認めると、今後日本中の自治体が国の指示に従うだけの下請機関にされる。

⑤以上、日本国の沖縄差別はもとより、近代以降この国が十分に立憲主義、法治主義といった近代法の理念を実現できておらず、その結果が沖縄にしわ寄せされていることを、この判決は浮き彫りにした。判決の批判を通じて、近代法の理念を学び直し、日本社会に定着させていく好機としたい。

二、判決文の問題点を考える前に

本多滝夫他『Ｑ＆Ａ 辺野古から問う日本の地方自治』（自治体研究社、二〇一六年）、紙野健二／本多滝夫編著『辺野古訴訟と法治主義——行政法学からの検証』（日本評論社、二〇一六年）を参考に、判決を検討するための基礎知識を確認したい。

①法治国家崩壊、人治（独裁）国家誕生

公有水面埋立法も地方自治法も日米安保とは関係ない。つまり、「純粋憲法体系」の法律である。

国防・外交を優先して、地方自治を踏みにじることは法解釈上許されない。いくら実質的に日本がアメリカの属国だといっても、法令の順位まで曲げてしまっては、属国以前に法治国家であることを放棄することになる。明治憲法体制への回帰である。

②公有水面埋立法について

この法律はみだりに海岸を埋め立てさせないことを目的としている。つまり、環境保全、災害防止対策が不十分であれば、知事は、相手が国だろうが民間企業だろうが埋め立てさせてはいけないのである。仲井眞前知事は埋立てを承認したが、翁長知事は環境保全、安全対策が不十分として承認を取り消したまで。もちろん、いったん承認した案件を取り消す権限も都道府県知事にある（公有水面埋立法第四条には「都道府県知事は埋め立ての免許の出願左の各号に適合すると認むる場合を除くの外埋め立ての免許をなすことを得ず」と規定されている。そして各号には「一国土利用上適正かつ合理的なること　二その埋め立てが環境保全及び災害防止に付き十分配慮せられたるものなること」とある）。

③地方自治法について

憲法九二条には、自治体に関する事項は「地方自治の本旨」に基づいて法律で決めるべきとある。具体的には、自治体の長、議会には憲法上、住民の安全・環境を守るための義務と権限が認められており、さらに地域行政には住民の意思を反映させる必要があるということだ。つまり、地域のことは地域で決めるべきであり、地域の安全や地域住民の意向を無視した国の介入は違法あるいは不当な行為となる（沖縄県知事選、名護市長選、衆・参議員選など直近の選挙で、沖縄住民は辺野古新基地反対派を選んだ。ちなみに仲井眞前知事も辺野古新基地建設反対を公約して当選していた）。国と地方が争う場合も、上下関係はなく、「対等性」が求められる。とりわけ一九九九年の地方自治法改正によって、「国と地方は対等・協力関係」が促進されたはずである。判決はこの対等性を無視している。

三、判決文の検討

①「国防・外交は国の任務。国の判断が尊重されるべき」（判決文）

仮に国防・外交が国の専権事項だということを認めても、今回争われている公有水面埋立法は、国防・外交とは直接関係ない。地域住民の生活や環境を配慮し、埋め立てを認めるか認めないかを地域の声を考慮したうえで判断すればいいだけのことである。判断するのは都道府県知事である。つまり公有水面埋立法をめぐる判断については、現地沖縄の自治権が優先されなくてはならない。

②「沖縄の地理的優位性」「海兵隊は一体的に運用。沖縄から移設できない」「辺野古以外に県内

に移転先は見当たらない」（判決文）

前述のように県の承認申請を却下し、証拠なしに決めつけている。民事訴訟法の手続きを無視した態度である。ただし、このような裁判所の判断を日本人の多くが受け入れていることも事実だろう。背景には「中国脅威論」「北朝鮮脅威論」という妄想が存在することは明白である。長くなるので項を改めて検討する（「五」参照）。

③「是正の指示の要件は、法定受託事務にかかる法令を所管する大臣であることだけが要件とされる」（判決文）

分かりにくいので意訳すると、「翁長知事の承認取り消しに対して、かかわりのある大臣はいつでも是正の指示（つまり取り消しを取り消せ！）を命じることができる」となろうか。こんな判決を認めたら、仮に仲井眞前知事が埋め立てを承認しなかったとしても、すぐに是正の指示（承認しろ！）を出せたことになる。ひいては、すべての自治体が独自の権限を失い、地方は国の命ずるままにしか動けなくなる。この裁判官は地方自治の本旨も、国と地方の対等性も理解できないようだ。

④「環境保全対策のための調査、予測及び評価方法について、前知事の判断に不合理な点があるとは言えない」（判決文）

大した根拠を示さずに、「不合理な点はない」と判断している。繰り返すが、公有水面埋立法は、環境保全対策の検証こそが本丸である。無関係な国防・外交の重要性を強調し、環境アセスについては十分に検討していないとは本末転倒である。

四、判決までの経緯の問題点

①そもそも沖縄県が和解を受諾したことに問題はなかったか。特に九項「同主文及びそれを導く理由の趣旨に沿った手続きを実施する」が危険である。これを国は「県が敗訴した場合は、工事の設計変更その他将来の行政処分についても、法的に拘束する。法的争いは今回裁判一回限り」と解釈している。県は「埋立承認の取り消し」に限定されると解釈しており、齟齬がある。埋立工事に関しては、知事、名護市長に広範な権限が認められており、県は今回敗訴しても、「埋立承認の撤回」「岩礁破砕許可取り消し」その他諸々の権限を行使して工事を阻止する意向だろうが、果たしてそのようにいくか。翁長知事は「確定判決には従う」と発言しているが、それも「埋立承認」の判決だけに従うという意味であろう。

確かに、今後国が工事設計変更などを申請した場合に不備があれば、知事は不許可にする権限を維持できると解釈することが法的には正しいと思われる。しかし、これまでの安倍政権のやり方からして、和解条項九項を盾に、「裁判で解決済み」として、県や市の不許可を認めず強行することが危惧される。県が裁判や国地方係争処理委員会に訴えても、裁判所や係争処理委員会が受理しないなどの暴挙にでる可能性もあるので注意が必要だ。

②また、多見谷寿郎が国の意向を代弁するだけの裁判官であることは分かりきっていたのだか

ら、裁判官忌避の手続きをとるという選択肢もあったはずだ（仲宗根勇は『琉球新報』論壇〈二〇一六年八月一八日〉に裁判長忌避論を寄稿するなど、何度も訴えてきた）。県弁護団（我々もだが）は司法に対してもっとシビアに考えるべきではなかったか。「司法の独立性」に幻想を抱きすぎだったということはないだろうか。

③さらにいうと、三月の和解勧告文には「円満解決に向けて協議する」との一文があったが、国は協議どころか和解の三日後に県に是正を指示している。このような強圧的な姿勢で県に対峙する姿勢は和解勧告の趣旨に反するものだ。

五、中国脅威論という妄想

判決文には大要以下のような記述がある。沖縄には米軍を駐留させる地理的優位性がある。海兵隊は一体的に運用しなければならず、一部だけ他の地域に移設はできない。しかし普天間飛行場は危険性や騒音などがあるため、移転しなくてはならない。移転先は沖縄県内でなければならず、それも辺野古しか見当たらない。そして「在沖縄全海兵隊を県外に移転することができないという国の判断は、戦後七〇年の経過や現在の世界、地域情勢から合理性があり尊重すべきである」。具体的に示していないが、「世界、地域情勢」とは中国、北朝鮮の脅威を念頭に置いていると思われる。昨今の日本のマスメディアは盛んに中国、北朝鮮を見下し、叩きながら、脅威を煽るという不思議な（矛盾する）報道を続けているが、検証しなくてはならないだろう。

岡田充と高野孟の対談の概要を以下に示す（東アジア共同体研究所編『習近平体制の真相に迫る』花伝社、二〇一六年）。

近年中国は南シナ海で人工島を建設したり、中国海軍を周辺に出没させるなどして国際問題になっている。二〇一五年にアメリカはイージス艦ラッセン号を南シナ海に派遣し、日本のメディアは米中開戦か、と危機感丸出しに報じた。しかし、ラッセン号はレーダーのスイッチを切っており、ヘリコプターも甲板に出さず、格納庫にしまったままだった。これは「攻撃しない」というサインである。アメリカは南シナ海を「自由航行」できることを確認したまでで、中国も一応アメリカの顔をたてて、「自由航行」を認めたのである。ラッセン号派遣は、米中の「出来レース」だった（「自由航行」とは軍事用の艦船、航空機が自由に航行すること。なお、「無害通航権」は一般船舶がどこの領海であれ、攻撃されずに通過する権利。中国は「無害通航権」を他国に認めており、仮に南シナ海が中国領になっても、日本をはじめどこの国の船舶も通航できる）。ラッセン号派遣から一週間後、米中海軍はフロリダ沖で共同訓練を実施した。両国の水兵同士でバスケットボールの親善試合もしている。

南シナ海では、ベトナム、フィリピン、ブルネイ、マレーシアなどが領海を主張し、大変複雑な状況であるが、中国は個別にあるいはアセアンを通じて、交渉を続けることを基本方針としている。決して力づくではないのであるが、日本のメディアは中国のウェイボー（日本の2ちゃんねるのようなもの）の書き込みなどを根拠に中国脅威論を煽る始末である。ちなみに、「法を守れ」と中国を非難するアメリカは海洋法条約に批准さえしていない。非難する資格があるのだろうか。

二〇一三年に中国が東シナ海の防空識別圏を設定して、日本国は大騒ぎになった。尖閣も含まれていたからである。しかし防空識別圏とはレーダーが届く範囲であって、領土主張とは無関係である。基礎知識がないのか故意なのか、安倍晋三は中国が尖閣を中国領のように扱っていると非難した。

また、櫻井よしこは中国が東シナ海ガス田にレーダーを設置したことを指して、「あそこが軍事拠点になれば沖縄は一発でやられる」などと大騒ぎした。レーダーを二〇メートル程度の位置に設置しても、届く範囲は限られている上、海上にそんな拠点を置いても真っ先に攻撃対象になる。このような軍事拠点をつくるわけがなく、単純にガス田開発の必要性からの設置である。

以上のような無知に基づく中国脅威論は、決して笑えない。なぜなら、日本国は中国の脅威を根拠に宮古、石垣、与那国まで自衛隊を配備する「島嶼防衛」に前のめりになっているからだ。「尖閣をとられたら次は沖縄をとられますよ」。これこそ外務省が、日本中に浸透させようとしてきた考え方である。これが功を奏して、「尖閣、ひいては沖縄と日本を守るために沖縄に米軍基地やむなし」という「本土」の大多数の人たちの意見を形成してしまった。

では、仮に中国に軍事的脅威があるとして、米軍は抑止力になるのか？　現在、中国は日本、

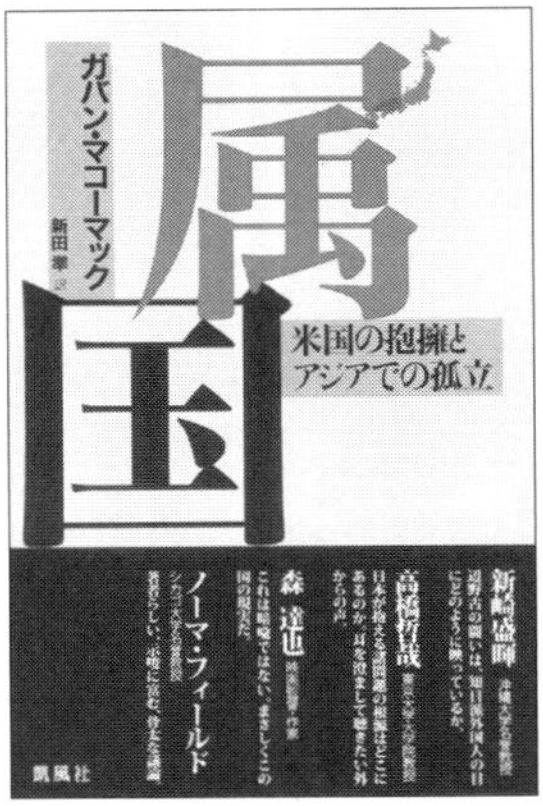

フィリピンに数百発、グアムに数十発のミサイルを撃ち込む能力を持っている。嘉手納空軍基地の滑走路に穴が空いたら四三日間も戦闘機が飛べなくなるとの試算もある。あのジョセフ・ナイでさえ「米軍は沖縄にいる必要はない。いる方が危ない」と主張している。そもそも米中戦争になれば、双方五十万人以上の戦力を費やすことになるが、在沖米軍はせいぜい二万三千人程度である。日本全体でさえ、五万人弱でしかない。また、オバマ大統領は、尖閣が中国に占拠されたら米軍が奪還に協力すると明言したことはない。

だいぶ長くなってしまった。北朝鮮脅威論については割愛する。興味のある方は、ガバン・マコーマック『属国――米国の抱擁とアジアでの孤立』（凱風社、二〇〇八年）を参照されたい。さしあたって沖縄に米軍基地が必要かどうか判断するには、様々な角度からの検証が必要だということを理解していただければ幸いである。

なお、二〇一六年七月、国際仲裁裁判所が南シナ海に中国の権利を認めないと裁定した際の日本政府、マスコミの頓珍漢な言動については、矢吹晋「領海ナショナリズムに溺れた日本人」（『週刊金曜日』二〇一六年七月二九日号。より詳しくは『アジア記者クラブ通信』二八七号に掲載された同氏の講演録を参照されたい）をお読みいただきたい。

六、今後の対応策

行政行為の撤回（ここでは仲井眞前知事の埋立承認の撤回）は前の行政行為の瑕疵の有無に関係なく、いつでもできる。

既判力が及ぶとは前の裁判の当事者双方間で再び別訴訟となった場合に、前の裁判の効力が別訴訟に及ぶということであり、既判力は沖縄県と国にしか及ばない。つまり既判力は名護市には及ばないのであり、名護市は裁判と関係なく、名護市独自の権限を幾つか持っており、許可しないことは可能である。

県としては「承認の撤回」を行使し、名護市としては埋め立てに関する市の権限を行使することで、埋め立て工事を阻止していく手法が残されている。四で指摘したように、国が法を順守するかどうかは不明であるが、私たちにできることは、法的正当性がどこにあるのか、を広く知らしめていくことであろう。

おわりに

過去の判決例を振り返ると、国を相手にした裁判で民間人や地方自治体が勝てる可能性が少ないことは明白であり、沖縄県の敗訴自体は想定内といえよう。しかし、裁判を無駄にしないためにも、判決の不当性をわかりやすく多くの人に訴えいてく必要がある。そのための有効な方法を検討していきたい。マスメディアが積極的に判決の問題点を報じるとは思えない。むしろこれで終わったという雰囲気作りに手を貸すだろう。もちろん、マスメディアにまともな報道をするよう働きかけることも同時並行で必要だが、いつになるとも知れない。

よって、辺野古、高江などの現場、そして「本土」での抗議行動がますます重要になってくる。その際、「本土」の側は「ひどい判決だ、沖縄の人たちはかわいそうだ」という同情論を超えなくてはならない。日本国全体の沖縄差別、および日本国に法治主義が定着していないことが沖縄を追い詰めている。まず「本土」が変わらなくてはならない。

追記：本稿作成にあたって、仲宗根勇先生から多くのことをご教授いただいた。この場を借りて、厚く御礼申し上げます。

（書き下ろし・２０１６年９月24日）

土人と独立

二〇一六年一〇月一八日、沖縄県の米軍ヘリパッド建設の警備をしていた大阪府警の機動隊員が抗議活動参加者に対し「土人」と発言した。別の機動隊員は「黙れ、こら、シナ人」と発言した（『琉球新報』二〇一六年一〇月二〇日）。機動隊員の発言について鶴保沖縄担当大臣は「人権問題とは考えていない」とコメントし、松井大阪府知事は「混乱を引き起こしているのはどちらなんですか」「反対派も過激」とコメントした。

機動隊員の発言は沖縄人差別である。「シナ人」は中国人差別でもある。発言もひどいが、これを擁護する声が日本社会にはびこっていることがもっと問題だ。拙論「琉球民族は存在するか？」（本書47ページ）で見たように、沖縄人を「土人」「チャンコロ」と呼び捨てる日本人は戦前から存在した。軍隊では「琉球土人は日本人の盾になれ」との発言まで飛び出し、このような意識が日本兵による沖縄住民虐殺の背景にあった。機動隊の「土人」発言、それを擁護する「沖縄担当」大臣、「機動隊も反対派もどっちもどっち」という世論は、「琉球土人は日本人の盾になれ」との意識が払拭されていないことを露わにした。改めて、多くの日本人が、沖縄に米軍基地を押し付け、米兵犯罪や事故や環境破壊という犠牲の上に、「平和」を享受しようとしていることが認識できた。

ここで沖縄独立の主体について考えてみよう。七〇年以上犠牲を強いられ、日本人から感謝されるどころか「土人」と見下されていることが、一部の沖縄人に日本国からの離脱を意識させている。国際社会において、独立や自決権（自己決定権）の主体とされるのは「人民（people）」である。日本社会ではここが誤解されているように思う。琉球民族、大和民族、アイヌ民族などを論じるときに、「血」や遺伝子などを念頭において、日本は単一民族であると主張する場合が多いのではないか。あるいは、骨格やら肌の色やらを基準に、琉球民族が存在するかどうかといった明治期の人類学のような方法で議論することも、今や不毛である。「市民的及び政治的権利に関する国際規約」の第一条は「すべての人民は自決の権利を有する。この権利に基づき、すべての人民は、その政治的地位を自由に決定し並びにその経済的、社会的及び文化的発展を自由に追求する」と規定する。人民の自決権の英文は“right of people to self-determination”である。

以下、阿部浩己「人権の国際的保障が変える沖縄」（島袋純／阿部浩己編『日本の安全保障４　沖縄が問う日本の安全保障』岩波書店、二〇一五年）の見解を紹介する。阿部は、自決権（自己決定権）の主体である人民について「あらかじめ外縁を画されるべきではなく、『自己』決定権である以上、集団自身による自己認識が尊重されなくてはならない」「外部からの一貫した抑圧を媒介にして人々が人民として立ち現れることが少なくない」と述べている。二〇〇一年以降、国際社会で何度も沖縄の自決権が取り上げられている。最近では二〇一〇年、人種差別撤廃委員会は定期報告総括所見で「沖縄の人々が被る持続的な差別について懸念を表明する。さらに委員会は、沖縄における軍事基地の不均衡な集中は、住民の経済的、社会的及び文化的権利の享受に否定的な影響があるという現代的形態の人種主義に関する特別報告者の分析を再述する」と記した。同委員会は、二〇一四年に「締約国（日本）が、その立場を見直し、琉球を先住民族として承認することを検討し、また彼らの権利を保護するための具体的措置をとることを勧告」した。自由権規約委員会も、二〇一四年、第六回定期報告審査において「締約国（日本）は、法制を改正し、アイヌ、琉球及び沖縄のコミュニティの伝統的な土地及び天然資源に対する権利を十分に保障するためのさらなる措置をとるべき」と述べた。これらの報告に関して阿部は、「沖縄に加えられる日米両政府の長期にわたる差別的抑圧は、個々人の次元で重大な人権侵害を累積させるだけでなく、集団の権利、つまりは自決権を前面に掲げざるを得ない事態を引き寄せている」と述べている。

現在の国際社会では沖縄人が自決権（自己決定権）の主体となる「人民」であることは明らかなのだ。繰り返すが、血や遺伝子は関係ない。「外部からの一貫した抑圧」を受けて「集団自身による自己認識」が生じていることによって「先住民族」と認定されたのである。独立を主張するかどうかはともかく、侵害された自決権を取り戻そうという認識は沖縄人に広く共有されている。しかし、一歩進んで独立を主張したり、「先住民族」であることを強調したりすると、日本社会で

は排外主義とのレッテルを張られる傾向がある。これは日本社会自身が「偏狭なナショナリズム」を克服できていないからではないか。かつて日本国は偏狭なナショナリズムにより、アジア諸国を侵略し、植民地支配を強いたことがあるから無理もないが、日本人以外の人民もナショナリズムを主張すること＝排外主義であるとの発想は短絡的すぎる。一九一九年の３・１独立宣言などに見られる朝鮮の独立運動や東南アジア各国で発生した抗日運動が「愛国的」と表現され、ナショナリズムに基づくものであったことは明白だ。琉球独立が排外主義と批判されるなら、アジア各地の抗日運動も排外主義と非難されなければならないだろう。

白井聡は『戦後政治を終わらせる――永続敗戦の、その先へ』（NHK出版、二〇一六年）において、「沖縄は永続敗戦レジームを外から見ることができた、というか、そうならざるを得なかったのです。だからこそ、沖縄から永続敗戦レジームに対する明確な対決姿勢が出てきた」のであり、「沖縄が現在、政治的には最先端の地域」であると記している。

日本社会がいつまでも「永続敗戦レジーム」にとどまっている限り、沖縄は「政治的最先端の地」から一歩踏み出して日本からの離脱をますます志向するようになるであろう。

（書き下ろし・２０１６年11月２日）

II　書評という訴状

『転換期の日本へ――「パックス・アメリカーナ」か「パックス・アジア」か』

はじめに

「沖縄問題」は「日本問題」であり、「米国問題」であり、「サンフランシスコ体制問題」である（『転換期の日本へ』126ページ）。

この『転換期の日本へ――「パックス・アメリカーナ」か「パックス・アジア」か』（ジョン・W・ダワー／ガバン・マコーマック著、明田川融／吉永ふさ子訳、NHK出版新書、二〇一四年）を一読し、以下のような会話が浮かんできた（「X」は「本土」在住の架空の人物。実際に会った人物やブログなどで文章を読んだ複数の人間が融合したキャラクターである）。

評者　「本土」の人たちは、沖縄に米軍基地を押し付けて恥ずかしくないんですかね。

X　別に恥ずかしくないですね。他県のことに口出しする必要はないでしょう。沖縄のことは沖縄の人が決めればいいですよね。

評者　他県のことといいますが、沖縄の人間が米軍基地を誘致したわけではないですよね。「本土」の人口は約一億三〇〇〇万人、沖縄の人口は約一四〇万人です。「本土」の人が容認しているから沖縄に米軍基地が集中しているのではないですか。

X　しかし、沖縄にも基地に賛成の人がたくさんいますよね。それに基地がなくなったら失業する人も大勢いらっしゃる。

評者　沖縄には基地に反対している人もたくさんいますよ。

X　だけど、選挙になると基地反対派は大体負けるじゃないですか。一月の名護市長選挙だって、確かに辺野古移設反対派が当選しましたが、わずかな票差でしたよね。

評者　県知事選挙その他の首長選挙で、反対派は負けることが多いですが、その場合もわずかな票差なんですけどね。それに、仲井眞知事も自民党沖縄県連の議員たちも普天間基地の辺野古移設には反対して当選しましたよ。石破の恫喝で賛成に転じましたがね。それに選挙では、あまり基地問題は争点にしないのですよ。経済問題を前面に出しますから、普通の有権者は基地のことだけで投票するわけじゃないんですよね。基地反対派に投票しない人がすべて基地賛成派とは限らない

のではないですか。

X　それにしても、もっと多くの県民が選挙で基地反対派に投票しないと、やっぱり基地を受け入れているのかと思ってしまいます。

評者　基地受け入れか、反対して失業か（または今以上の貧困）という選択肢しかないことが問題なんじゃないでしょうか。生活のためやむを得ず、基地反対派に票を入れられない人たちもいると思いますよ。沖縄県は、これまで六〇年以上も基地を負担してきたのだから、基地撤廃＋財政支援というセットメニューがあってもいいし、そうすれば選挙の結果も変わるでしょうね。ところで、沖縄のすべての人間が、基地反対を表明し、すべての選挙で反対派が当選したら、基地はなくなりますかね？

X　いや、沖縄の一四〇万の人たちだけで、一億三〇〇〇万人の利害を決められても困ります。

評者　つまりすべての沖縄県民が反対しても、多数の「本土」の人が賛成なら基地はなくならないのですね。

X　そう言っては身も蓋もないですが。ただ、沖縄の人たちが本当に基地反対に一枚岩になっていることを本土に示してくれれば、いくらかは本土の人も共感するのではないですかね。

評者　沖縄の民意を見極めてからじゃないと、自分の意見はもてないのですか？　沖縄の民意がどうであれ、米軍が一つの県に集中して、犯罪や事故やテロのリスクを負わされていることに対して、あなた個人の考えはないのですか。しかも「本土」の人の多数は、憲法九条は維持したい、そして日米安保は必要と考えているようです。あなた自身はどうなのですか。
X　憲法九条は必要です、日本の財産です。ノーベル賞も夢ではない条文ですよ。でも軍隊がないと、中国や北朝鮮が攻めてきたら怖いじゃないですか。安保は当然必要です。
評者　荒くれ者の用心棒を雇いつつ、日本人は断固平和を支持しますという主張ですね。そんなに米軍が必要なら、あなたの住んでいる町に誘致してみてはいかがですか。沖縄には基地を嫌がっている人がたくさんいますから、積極的に欲しがっている地域にもっていったほうがいいですよね。
X　いや、近所にあると困ります。
評者　なぜですか。
X　基地周辺は、事故や犯罪が多いらしいじゃないですか。いざ戦争になったら、真っ先に狙われますしね。米軍基地は引き受けたくないですよ。このまま沖縄や青森に居続けてほしいです。

（冒頭に戻る）

本稿は、ジョン・W・ダワー、ガバン・マコーマック著（明田川融、吉永ふさ子訳）『転換期の日本へ――「パックス・アメリカーナ」か「パックス・アジア」か』（NHK出版新書、二〇一四年）の概要を紹介し、評者の見解を示すことを目的とする。
まず、この本の第一章と第二章の概要を示す（カッコ内のページ数は、『転換期の日本へ』のページ数）。

一、第一章　サンフランシスコ体制

(1) サンフランシスコ体制の歪な起源

サンフランシスコ体制は、一九五一年に締結された対日講和条約と日米安全保障条約の二つの条約に由来する。当時、日本は占領されており、米軍の管理下にあった。そして、二つの条約は朝鮮戦争の膠着が長引く間に署名されている。もう一つの問題は、講和条約が片面講和だったことである。共産中国、国民党政府、南北朝鮮が講和から排除され、ソ連は会議には参加したが、署名しなかった。サンフランシスコ講和は、日本を身近な近隣諸国から引き離す排除のシステムを作り上げる土台となった。帝国主義、侵略、搾取、それらの傷と苦々しい遺産は化膿し、疼くままにしておかれた。日本は、国家としてのアイデンティティのために、太平洋の東にある米国向きの姿勢をとるよう追い立てられた（23〜26ページ）。

(2) 問題を孕む八つの遺産

サンフランシスコ体制は、問題を孕んだ八つの遺産をもたらした。すなわち、①沖縄と「二つの日本」、②未解決の領土問題、③米軍基地、④再軍備、⑤「歴史問題」、⑥「核の傘」、⑦中国と日本の脱亜、⑧「従属的独立」である。

①沖縄と「二つの日本」

サンフランシスコ体制は、琉球弧の南半分である沖縄県を日本から切り離し、米国の軍事拠点に変えるという非情なやり方で、日本を分断国家にした。「二つの日本」政策は、巨大な基地の周辺で、米軍犯罪、騒音、環境破壊、核兵器、エージェントオレンジ（枯葉剤の一種）のような化学兵器の貯蔵を含む秘密活動、密約の発覚にみられる日米両政府によって制度化された偽善的な基地運営を生じさせている。もっともたちが悪いのは、外国による軍事使用に供しておきながら、その住民を二等の市民であるかのように扱ってきた日本政府の恥ずべき行いの数々である。

（28～30ページ）

②未解決の領土問題

アジア太平洋地域の関係を阻害している五つの領土紛争は、サンフランシスコ講和条約で未決のまま残された領土問題にさかのぼる。この曖昧さは、アジアにおいて「共産主義を封じ込めるうえで都合よく働く」ことが期待できるような、紛争の種を予めまいておくことによって中国に対して潜在的な楔を打ち込むことになった。

（31～39ページ）

③米軍基地

在日米軍基地は、日本占領と冷戦に起源をもち、これによる軍事的プレゼンス日米安全保障条約と関連の二国間協定によって形成された。日本に軍事的プレゼンスを維持する目的は以下の三つである。まず、アジア大陸とロシアに近接した沿岸地域に軍事拠点を提供すること、次に日本が軍国主義的な道に進もうとした場合に備えて、その管理を確実にすること、さらに、日本国の安全に寄与することである。朝鮮戦争をはじめ、ベトナム、カンボジア、ラオスの戦闘行為において、在日米軍基地が使用された。米軍基地が引き続き存在することで、将来の日本から無謀であることがわかっていても、米国の世界的な軍事政策やその実践に加わる以外の選択肢が失われる。

（40～43ページ）

④再軍備

再軍備には、憲法の危機以外にも二つの問題点がある。第一に、米国の戦術計画および戦略政策に日本をがんじがらめにすること、第二に、日本軍が先の戦争で行った行為（アジアへの侵略）を軽視し、浄化し、否定することに手を貸すことである。

（43～45ページ）

⑤「歴史問題」

サンフランシスコ講和は、中国と韓国という、もっとも謝罪と償いを受けるべき国々を排除し、無理やり歴史を前に進め、忘却を促した。イギリスやカナダは、講和条約に「何らかの戦争犯罪条項」を盛り込むべきと勧告したが、アメリカは反対した。また、戦争犯罪で逮捕された政治家や官僚の復活に途を開いた。これらのことが、厄介な歴史問題を引き起こしている。一九七〇年代以降、日本の政府高官は何度も中国、韓国に謝罪しているが、他方で著名な政治家や影響力のある個人や組織が対外侵略と抑圧を糊塗し、あるいは公然と否定している。

（46～51ページ）

⑥「核の傘」

日本は、サンフランシスコ体制に組み込まれることで、アメリカの「核の傘」に入った。米国の政策立案者は、朝鮮戦争において核の使用を考慮していた。一九五四年にはビキニ事件が発生

（ビキニ環礁での核実験で、第五福竜丸に核の灰が降り注いだ）。これは日本国内に反核運動を引き起こし、水爆禁止の署名は数千万筆にのぼった。日本政府は、一九七〇年にNPT（核不拡散条約）に署名し、（一九七一年に）非核三原則を国会で決議し、核軍縮の理想を追求している「ジェスチャー」を行なっている。しかし、核の傘の下で生きるということは、日本が秘密性や二枚舌、米国の核政策への追従といった問題を抱えることでもあった。例えば、一九六九年にニクソンと佐藤首相の間で、沖縄返還以降も緊急時に核を持ち込めるという秘密合意があった。核の傘による「抑止力」というものは、この兵器の標的になっている人々からみれば、脅威を与え挑発的なものである。

（52〜60ページ）

⑦中国と日本の脱亜

中国にとって、自国の近代の物語は外国勢力によってなめさせられた恥辱の物語だった。西洋の挑戦に対する日本の対応は時代に鳴り響く成功をもたらした。日清戦争で中国を敗北させて帝国主義陣営に加わり、一時的に征服者の傲慢さが日本から消えることはなかった。一九五一年の講和会議から中華人民共和国は排除され、日本が中国「不承認」と「封じ込め」に取り込まれたことで、中国の不平不満は膨れ上がった。日中離間のもう一つの背景には、日本の「脱亜」の心情に付け込んだ人種差別的意味合いがある。

一九七一年、ニクソンは対中封じ込めを放棄した。米中会談において、中国の周恩来は、日本の経済ブームが対外膨張につながり、それが軍事的膨張を伴うことを恐れているとアメリカ側に伝えた。キッシンジャーは、アメリカが核の傘を引き揚げれば、日本人が核を開発することは疑いないと言明し、在日米軍基地という拘束をなくせば、日本は不安定な方向に向かうと予測した。

二〇一〇年代は、新たな中国封じ込めを要請する日米の戦略家や有識者のおかげで憂鬱な空気に覆われている。日中関係を蝕む不信の根深い遺産は、「戦争の歴史」を巡る対立である。日本の保守派が行なっている日本の戦争の語り直し（歴史修正主義）は、海外からいかに否定的に見られているか頓着せず、国内の聴衆と有権者に向けられており、中国人や韓国人に、日本人はアジアへの共感やアイデンティティ、責任感、悔い改めの気持ちを欠いているという印象を与えている。それは日本が再びアジアを捨てることを意味する。

（60〜70ページ）

⑧「従属的独立」

日本の平和と繁栄は、アメリカの戦争マシーンの一部になるというコストを払ってもたらされた。マシーンは、資源を浪費し、軍拡競争を促進し、核兵器の先制使用をちらつかせ、残虐行為に手を染め、朝鮮半島・インドシナ・イラク・アフガニスタンで破壊と苦痛をもたらした。日本は属国としての地位にあることで、米国の外交政策に無制限の支持を与えることを求められてきた。日本の保守派、右翼が使う「普通の国」になるというフレーズは、改憲と再軍備に対する制約を取り払うことに焦点を当てている。しかし、再軍備の加速が、真の独立と自立へと向かうという考えは欺瞞的だ。日本はアメリカの軍事的な抱擁から抜け出ることはできない。世界規模で進化するアメリカの世界戦略の構想を支持させるために、憲法の制約を取り払った、より軍事的なパートナーを求めているのがアメリカなのである。

（71〜75ページ）

（3）現在の不確実性

近年の中国の経済成長を背景に、サンフランシスコ体制の遺産が再び表面化している。その遺産には、領土紛争、歴史論争だけでなく、日本の軍事化も含まれており、このような不安定な状況へのアメリカの対応は、「パックス・アメリカーナ」の維持を目的とした新たな段階の戦略立案である。

（75〜86ページ）

（4）恐怖と希望

中国の台頭は、「パックス・アメリカーナ」への兆戦であり、軍拡競争の激化が見て取れ、しかも日米中が強力な機能障害に陥っている。すなわち、三国ともに秘密主義、堕落・腐敗、妄想、希望的観測が存在する。未来の希望は、一九七〇年代の中国との関係正常化とともにあった平和的統合というビジョンに立ち返ることであり、具体的領域にわたる協力関係と経済の相互依存を強化することにあるという。特に、政府とは一線を画した市民ネットワークの拡大が、敵意に満ちた対立の解毒剤となりうる。

（86〜92ページ）

二、第二章　属国

（1）サンフランシスコ体制が生んだ根本問題

米国による日本の占領はいまだに終わっていない。占領は軍事面にとどまらず、米国は毎年、年次要望書を日本に送り、米国の利益の障害となるものを取り除くよう指示している。一九八九年の日米構造協議では、予算、税制、株式保有規定、土曜休日など二〇〇項目に及んだ。

日本への主権侵害を侮辱だと腹を立てる人は少なく、世論調査では、約八〇％の日本人が安保同盟を支持している。ただし、沖縄では安保体制支持は約一〇％である。安保同盟の最大の課題は沖縄にある。「沖縄問題」は、実際「日本問題」であり、「米国問題」であり、「サンフランシスコ体制問題」である。

（116～131ページ）

（2）沖縄――ないがしろにされ続ける民意

一八七九年、日本政府は琉球王国を廃し、沖縄県として強制併合した。一九五二年、沖縄はサンフランシスコ講和条約によって「本土」と切り離され、米軍の占領政策が続いた後、一九七二年に米軍基地の重荷を背負ったまま日本に復帰した。沖縄返還時、佐藤首相は有事にはいつでも核兵器を持ち込める密約をしていた。また、沖縄県民は日本国憲法の平和、民主主義、人権の原則が沖縄にも適用されることを願っていた。琉球政府の屋良行政主席は、「復帰措置に関する建議書」を特別国会に提出したが、読まれもせず、沖縄返還合意は通過した。

ライシャワー駐日大使は、沖縄の民主主義台頭を危惧し、自民党経由で資金源が暴露しないよう、細心の注意を払って選挙対策費を出すことを勧めた。

沖縄の危機は、一九九五年、三人の米兵が少女を拉致、暴行した事件に始まる。日本政府は事件後、「沖縄に関する特別行動委員会（ＳＡＣＯ）」を設置し、翌年、海兵隊の普天間基地を五年から七年以内に返還すると発表した。ただし、代替基地があればという条件付きであった。新基地予定地は、沖縄島北部の名護市辺野古という漁村である。名護市議会は、軍民共用、一五年の使用期限付き、環境保全の保証などを条件に賛成したが、条件実現は困難であり、反対に等しいものである。

大田昌秀知事（在任、九〇年～九八年）の時代、基地依存体質から抜け出すため、「国際都市形成構想」がデザインされたが、これは二〇一五年までの米軍基地閉鎖とセットの構想であった。日本政府にとって、沖縄の「基地最優先」政策は妥協できないものであり、大田知事は九八年の知事選挙で、政府の違法な組織的妨害によって落選した。

九七年の名護市の住民投票以来、政府は沖縄の民主的運動を分裂させるなどして、基地建設に同意させようと努力してきた。地元に補助金をばらまき、自治体が財政面で国依存するよう仕向けてきた。しかし、二〇一〇年までに、名護市長も、名護市議会も、県知事も、県議会も沖縄の市町村のほぼすべてが辺野古への移設に反対した。辺野古の環境影響評価調査（環境アセスメント）は、専門家に史上最悪の環境調査と酷評され、仲井眞知事はその不備を五七九項目指摘し、「地元の理解が得られないまま移設案を実現することは不可能」と宣言した。しかし、日本政府はただ単にこれを無視した。また、日本政府は、海兵隊用ヘリパッドの工事強行に反対する東村高江地区の住民を脅かす目的で、道路通行妨害で訴えた。市民参加を妨害する典型的な戦略的訴訟（SLAPP）である。沖縄以外ではほとんど報道されないが、ドイツや日本のファシズムを思い起こさせるものだ。

二〇一二年、オバマ大統領と野田首相は、日米同盟の進展を内容とする共同声明を出した。政権が代わっても政策目標は変わらず、自衛隊の米軍統治を進め、南西諸島の軍備を拡大し、「海洋、宇宙、サイバー空間」上でも米国に協力し、軍事的に中国に対決姿勢をとることになった。

日本政府はこれまで、オスプレイの配備はないと言い続けてきたが、環境アセスメントが提出されると、その配備が発表された。沖縄では県知事、県議会、県内市町村長の首長四一人のほか、宜野湾市の市民五〇〇〇人の集会でも、そろって反対が宣言された。宜野湾市の反対集会には一〇万人が参加した。が、政府は、二〇一二年一〇月から、オスプレイを普天間基地に配備した。普天間のゲート前で市民が座り込みを続けたが、機動隊が強制排除した。

二〇一三年一月、沖縄県内の市町村長、県会議員、国会議員など一五〇人の代表が使節団となって請願書を携え東京に行ったが、安倍首相は四分しか時間を与えなかった。

二〇一三年、政府は四月二八日を「主権回復の日」として祝日にする計画を発表した。四月二八日は、沖縄ではサンフランシスコ条約によって米軍施政下に引き渡された「屈辱の日」と考えられてきた。

(132～155ページ)

(3) 馬毛島――秘密裏に進む軍事基地計画

一九八〇年代以降、馬毛島には様々な軍事基地計画が立てられている。馬毛島を管轄する西之表市では、軍事施設反対派が勢いを得ており、二〇一二年五月には、馬毛島の基地化反対嘆願書に、二万五七九八人の署名が集まった（馬毛島に隣接する四市町の選挙民の五七％にあたる。なお全国的にも約二二万人の署名が集まった）。しかし、二〇一三年三月、安倍政権の小野寺防衛相は、馬毛島を中心に様々な調査を行っていると述べ、軍用地の交渉は継続している。

（155〜162ページ）

（4）八重山諸島、与那国島——四つの難題

与那国を含む八重山諸島の島々は、二〇一〇年頃から、住民同士を分裂させた四つの難題に振り回されている。自衛隊配備計画、教科書選択、尖閣諸島、北朝鮮の脅威である。小泉首相時代の地方分権、規制緩和は与那国のような小さな島に深刻な影響を与え、地方交付金が削減された。与那国島は、開かれた国境の形で、台湾と協力して経済を活性化する計画をたてたが（「与那国・自立へのビジョン」）、政府の支持は得られなかった。その結果、与那国では軍事の最前線を引き受けようという動き（自衛隊誘致）が活発化している。

二〇一一年、与那国島選挙民の四六％にあたる五五六人が、自衛隊誘致をキャンセルして「ビジョン」の精神に帰ろうという「与那国改革会議」の要望書に署名した。自衛隊誘致の署名は五一四名だったので、島をほぼ二分している。八月の『沖縄タイムス』の調査では、与那国の自衛隊配備に反対する人は、八重山諸島全体で五六・五％。九月の『琉球新報』の調査では、与那国島での誘致反対は七三・三％、石垣島では五九・四％が反対、竹富島では六一・五％が反対であった。しかし、同年末、与那国島と防衛省の共同説明会では、二〇一五年の配備を念頭に、自衛隊

を配備する候補地を考慮中であることが伝えられた。

二〇一一年八月、石垣市、竹富町、与那国町からなる教科書用図書八重山採択地区会議は、育鵬社の歴史社会教科書を採択した。選定方法が密室で議論され、教科書の内容比較もなく、十分読みもせず、無記名投票で決定されており、手続き的に問題があった。竹富町は、東京書籍の教科書を支持し、地方教育行政法によって町には教科書選択の権利があると主張した。民主党政権時の文科省は、竹富町への教科書無償配布を拒否した。二〇一三年、安倍政権も竹富町の例外は認められないと攻勢に出ている。


（163〜184ページ）

（5）尖閣（釣魚）諸島問題——五つの論争点

サンフランシスコ体制の矛盾をもっともよく体現しているのは、尖閣諸島問題である。日本、中国、台湾がそれぞれ領有権を主張している。サンフランシスコ講和条約では、尖閣諸島について、直接ふれられなかった。原貴美恵、豊下楢彦によると、尖閣諸島を係争地とすることで、日本の米国依存及び米軍駐留の継続を図るという米国の政策に由来すると考えられる。

二〇一二年四月、石原慎太郎がアメリカのヘリテージ財団で、尖閣諸島を買い取ると発言し、安倍晋三は「この問題に外交交渉の余地はありません。尖閣海域で求められているのは、交渉ではなく、誤解を恐れずにいえば物理的な力です」と記している。

中国は、領土拡張政策をとっていると一般に考えられている。しかし、一九八二年の国連海洋法会議で元列強国が、海洋と海洋資源について条約が締結されたが、最大の受益者は米国、英国、フランス、オーストラリア、ニュージーランド、ロシア、日本である。中国は、一九、二〇世紀の太平洋地域の分割に関われず、近年の海洋資源分割の分け前にも与らなかった。中国は、海洋資源の指標では世界三二位と比較的小国である。日本は排他的経済水域で六位である。中国は尖閣諸島では譲らない決意は固いと思われる。

沖縄は尖閣の領有権を主張する三国に囲まれ、危うい立場にある。比屋根照夫は「沖縄戦の再現だ。被害者はまたしても我々沖縄人になる」と指摘する。沖縄県民の尖閣諸島への思いは「本土」とは違い、武力的解決に反対する。「固有」の領土という代わりに沖縄を中心とした「生活圏」を語る。そこは、親善のシンボルとして、日本、中国、台湾が共存共生する空間になる。それは「パックス・アジア」つまりアジア共生圏の誕生の兆しである。　（185〜202ページ）

（6）辺境の島々と北朝鮮――「正常化」交渉の挫折と核実験

朝鮮半島の「正常化」交渉が挫折するたびに、また、北朝鮮がミサイル発射や核実験をするたびに、緊張が高まる。緊張は米軍基地や安保同盟の存続を正当化する役に立つ。それがまた北朝鮮には脅威と映り、ミサイルや核に駆り立てるという悪循環が広がっている。

日本政府は、北朝鮮と交渉するより武力による強制的措置をとることにもっとも熱心だった。二〇一二年三月、北朝鮮が打ち上げ予定を発表すると、日本政府はただちにMDシステムの配備を決定した。東シナ海と日本海にイージス艦を送り、石垣、宮古、沖縄本島に迎撃ミサイルPAC3を配備した。国境に一番近い島々は、日米両軍の宣伝の舞台となった。ミサイル騒動は北朝鮮への恐怖感と反感を煽り、米日韓一体の戦争大演習から目をそらす効果があった。南西諸島の自衛隊配備にも追い風となったにちがいない。柳澤元官房副長官は、ＭＤシステム配備は軍事的には意味はないが、恐怖と不安感を生み出すことで離島の住民が駐留軍に慣れる効果があると述べた。

（２０３〜２０７ページ）

（7）「辺境」は「中心」へ

二度と「本土の捨て石」になることなく沖縄が生き残るためには、米国の戦略におけるアジアの「要石」としての役割から、日本と隣接諸国との「架け橋」となる道を見出さなければならない。「パックス・アジア」構想は、沖縄を「周縁」から「中心」に押し出す。

領有権問題の向かう先は、周囲の国家と住民の利益になるような平和と協力体制づくり一環として解決をみるか、国家間の反目が募り、対立と軍事化がさらに高まるかのどちらかである。

沖縄県民は安倍内閣に危惧を抱いた。「みんなで靖国神社に参拝する国会議員の会」「神道政治連盟国会議員懇談会」などのメンバーであり、改憲と基地再編の推進者であり、「愛国心、郷土愛というものを尊重し」「日本の伝統文化に誇りを持てる教科書づくりのために」検定基準を見直す安倍首相。安倍内閣の支持率が七〇％を記録し、沖縄県民の圧倒的反対の声にもかかわらず、辺野古移設を進める首相の態度を、国民の半数以上が積極的に評価すると答えている。

二〇一三年、日本政府は国境の島々の「防衛」に焦点を置くと発表した。島民は、「本土」攻撃を引き延ばすために、沖縄が米軍の攻撃の矢面に立つことを強いられた一九四五年になにがおこったか思い出す。また、ＴＰＰ推進政策は、どこよりも沖縄に影響が大きく、経済は壊滅的打撃を受けるのではと警戒している。

ジョージ・オーウェル『一九八四年』の中に、真理省が「戦争は平和である」と述べた有名な言葉があるが、安倍首相が「積極的平和主義」に続いて、自衛隊を「平和隊」と改称する日は遠くないと思われる。

（２０７〜２１４ページ）

三、若干の補足と検討

以上が、この本の概要である。次に、評者が同書から読み取った三つの論点について、以下、説明する。

（１）サンフランシスコ体制↓属国↓アメリカの無法と心中

評者は、沖縄の米軍基地問題について、沖縄県民の民意とは無関係に、「日本人」として意思決定する必要があると考えている。すなわち、「国家主権」の問題と、アメリカの戦争への加担という責任問題である。

サンフランシスコ体制は、様々な問題を現在に残したが、アメリカの属国となったことはその最たるものである。前泊博盛編著『本当は憲法より大切な「日米地位協定入門」』（創元社、二〇一三年）は、属国化を法制度の面で明らかにした画期的な著作である。編著者は、戦後体制（サンフランシスコ体制）を、講和条約―安保条約―行政協定という三重構造と把握し、そして重要性

は行政協定、安保条約、講和条約の順であると主張している。行政協定つまり現在の日米地位協定には、「①米軍や米兵が優位に扱われる『法の下の不平等』、②環境保護規定がなく、いくら有害物質をたれ流しても罰せられない協定の不備など『法の空白』、③米軍の勝手な運用を可能にする『恣意的な運用』、④協定で決められていることも守られない『免法特権』、⑤米軍には日本の法律が適用されない『治外法権』」といった問題点があるとする。例えば、横田ラプコンについて、「首都圏がこれだけ外国軍によって占拠されているのは、おそらく世界で日本だけでしょう」と指摘する。

そして「ひどい騒音であきらかな人権侵害が起きているのに、なぜ裁判所は飛行中止の判決をださないのですか?」「どうして米兵が犯罪をおかしても罰せられないのですか?」「米軍が希望すれば日本全国どこでも基地にできるというのは本当ですか?」「日米地位協定がなぜ、原発事故や再稼働問題、検察の調書ねつ造問題と関係があるのですか?」といったQ＆A方式で、地位協定の内容を分かりやすくかつ詳細に説明している。全体として、「日本は独立した主権国家なのか」「まだアメリカの占領下にあるんじゃないか」という問いかけになっている。日本がアメリカの属国になったことで、最も大きな被害を被っているのは沖縄県であると評者は考えるが、潜在的には、日本全土が「沖縄化」する可能性を秘めていることがわかる（「本土」の沖縄化及び沖縄海兵隊が「抑止力」にもなっていないことは、屋良朝博『誤解だらけの沖縄・米軍基地』〈旬報社、二〇一二年〉参照）。

　また、チャルマーズ・ジョンソンは『アメリカ帝国への報復』（集英社、二〇〇〇年）以降、ブローバック（「報復」。アメリカの政策の意図せざる否定的結果。帝国が支払わされるコスト）についていくつかの著作を発表しているが、「報復」は例えばアメリカに対するテロ攻撃であったり、アメリカ産業の空洞化であったり、巨額化する軍事費による財政圧迫であったりする。属国日本も無縁ではなく、「リマの日本大使館人質事件」等の「報復」を受けている。集団的自衛権をなし崩しに容認し、今以上に米国の戦争に加担するようになると、日本への「報復」もエスカレートするのではないだろうか。

　この本でダワー、マコーマックが強調するのは、サンフランシスコ体制に組み込まれたことで、日本はアメリカの無法な戦争の数々に加担するしか選択肢がなくなっていることである。日本が主権国家としての性格を喪失していることや「報復」を受けることは、ある意味自業自得といえるが、朝鮮半島、ベトナム、イラク、アフガニスタン等での戦争を無批判に追従したことは（湾

岸戦争では一三〇億ドルを拠出)、世界の平和秩序を乱す行為に加担しているといえる。前述したチャルマーズ・ジョンソン『アメリカ帝国への報復』には「沖縄――アジア最後の植民地」という章があるが、その中で大田昌秀元沖縄県知事の以下の言葉を引用している。すなわち、「現実には安保についてもほとんど国民的議論もないまま、次々と仮想敵国がつくりだされ、声高に言いたてられるしまつです。そのあげく、みずからの生活領域に、軍事基地を置こうとしないのにもかかわらず、軍の駐留の必要性を説いたり、有事立法の議論ばかり先走りしています」(『アメリカ帝国への報復』87ページ)。この発言は、「日本人」が米軍基地のリスクを沖縄に押し付けているありさまへの批判も含まれているが、アメリカのいうがままに軍事力強化を図る日本政府への懸念が表明されてもいる。

沖縄県民の多くは、単に米軍基地の被害を問題にしているのではなく、沖縄の基地からベトナムやイラクやアフガニスタンへ派兵されていく状況に胸を痛めてきた。ベトナムでは、沖縄は悪魔の島と呼ばれた。今後、米軍への協力を強化していくと、日本全体が世界から、「悪魔の列島」とみなされるだろう。

(2) 沖縄の民意を踏みつぶす「日本人」の民意(「沖縄問題」は「日本問題」)

先ほど、安保は沖縄県民の民意とは関係なく「日本人」が意思決定する問題だと述べたが、他方で、沖縄の民意についても検討が必要だと考える。沖縄の民意といっても、「日本人多数派」の押し付けによって、そのように仕向けられている側面が存在するからだ。

まず、沖縄県には広大な米軍基地があるといっても、地域的には意外に偏っている。沖縄本島の中部（宜野湾、嘉手納、読谷等）、北部の一部（名護の一部、大宜味と国頭の東半分）が中心であり、那覇以南の南部や本部半島、宮古、石垣、西表など沖縄島以外の島々にはほとんど存在しない。騒音や米兵の犯罪や米軍機事故のリスクには地域差があるため、関心度も一様ではない。ただし、9・11同時多発テロの際には、「本土」からの修学旅行が激減したことでわかるように、軍事基地は戦争のみならずテロの標的にもなることを「本土」の人間も認識している。そのような事態になれば、基地がない地域も無傷ではいられないだろう。

次に、選挙の争点として米軍基地を容認するか否かは確かに重要であるが、これを表面化させない場合がある。例えば大田昌秀と稲嶺恵一との知事選挙では、稲嶺陣営は「県政不況」なる用語で大田県政を批判するイメージ戦略をたて、基地を争点化することを避けた。この本で指摘されているように、実態は自民党による資金のばら撒きであり、違法な組織的妨害である。また、大田県政時代の「国際都市形成構想」や与那国島の「与那国・自立へのビジョン」といった自立政策をことごとく国は否定し、基地に依存するしかない方向に追い込んでいる。「基地か貧困か」という選択肢しかない状況に置かれている中での選挙であり、基地反対派に投票しなかった有権者も積極的に基地を肯定している者ばかりではない。基地撤廃と行政の経済支援のセットという選択肢があれば違った結果になると推測される。外国の軍事基地の負担はないのが当然であり、六〇年間不当に押し付けられてきた以上（国防に最も貢献してきた、とも言える）、基地撤廃と年限を決めての経済支援は、沖縄県民にとって当然の権利である。

また、仮に沖縄のすべての有権者が基地反対票を投じたとしても、沖縄県民の一〇〇倍の人口である日本人の過半数が安保同盟を支持し、しかも沖縄への負担を容認している現状では、直ちに基地がなくなることはないであろう。いくら反対しても結果は変わらないのであるから、協力して経済的な利益を得たほうが得であると考える者がいても無理はない（積極的にこのような考え方を肯定するつもりはないが）。沖縄の民意について、沖縄への基地の固定化を望む「日本人」の責任は無視できない要因である。

さらに、基地を容認するといっても、すべてアメリカの言いなりになるというわけではなく様々な対応の仕方がある。オスプレイの配備、普天間基地の辺野古移設については、沖縄県では与野党問わず、反対していた。オスプレイに関しては、県内四一市町村長（「オスプレイ反対東京集会」公式サイトによると、七市町村の代理含む。ちなみに沖縄県の市町村数は四一）、超党派の県議（四八人中三三人）を含む一四〇人の代表団を結成して建白書を提出したにもかかわらず、政府に黙殺された。また、仲井眞知事も自民党沖縄県連の議員も普天間基地の県外移設を掲げて当選しているが（つまりほとんどの有権者が辺野古移設反対だった）、自民党県連が石破幹事長の「恫喝」によって公約を撤回し、辺野古移設容認に寝返ったことは記憶に新しい。基地即時撤去だけではなく、ほぼすべての県民が反対している案件さえことごとく押しつぶしてきたのが、「本土の有権者」に圧倒的に支持されている現政府であり、現与党なのである（二〇一四年五月のＮＨＫ世論調査では、内

閣支持率約五六％。自民党支持率四一・四％、二位の民主党は約五・六％）。

「本土の有権者」の中には、良心的に沖縄の基地固定化を批判する者も多数いるが、沖縄県内の選挙結果に一喜一憂し、沖縄の民意はまだ基地容認であるなどとうそぶいている場合ではない。「本土」の世論（安保賛成）と選挙結果（対米従属政党の圧勝）こそ問題にすべきである。マコーマックが「沖縄問題」は「日本問題」というとき、「沖縄問題」は「日本人」が引き起こした問題であり、「日本人」が解決すべきものであると受け取れる。

（3）日本人の知的劣化、右傾化、全体主義化（歴史学者の役割と責任）

最後に、樋口直人『日本型排外主義――在特会・外国人参政権・東アジア地政学』（名古屋大学出版会、二〇一四年）の興味深い記述を紹介する。樋口は、某国が「国境の島」を占領する事態を本気で憂えている「某政党のみなさん」との架空の会話を次のように記している。

Q：国境にある与那国島では、百数十票で町会議員が当選しています。某国が与那国島に集団移住すれば、議会を乗っ取ることなど簡単じゃないですか。

A：百数十票で当選できるのは、人口減に悩む過疎地帯だからです。永住資格を持つくらいの生活基盤を確立した人たちが、わざわざ過疎地帯に集団で引越しする？　ふーむ、某国人永住者は過疎の町でも生計をたてていける特技を持っているのでしょうか。高齢者福祉の専門家たちが移住するとか……。えっ、某国政府が年間三〇〇万円出して某国人永住者の生活を裏で支える？　でも、一五〇人が引っ越したとして年間四億五〇〇〇万円かかります。それでようやく、四年に一回の選挙でたったひとり議員を当選させられるわけです。一八億円で町会議員一人ですか。公共事業に湯水のように金を使ってきた我が国政府ならともかく、某国政府はもっと有効なお金の使い道を考えるのでは。普通に考えれば、某国人が移住した結果として起こるのは、内政干渉ではなく過疎化の緩和です。

（『日本型排外主義』3〜4ページ）

これは、与那国町議会の外国人参政権反対決議を念頭に書かれているが、これを草の根排外主義の一つとしつつ、「単なる草の根の問題として済ませられることはできない。『乗っ取られる与那国』という妄想は、島内で醸成され肥大したわけではなく、外部からふきこまれたものだからだ。日本最大の極右団体たる『日本会議』は、二〇一〇年に外国人参政権反対キャンペーンを展開し、地方議員に対して参政権反対決議をするよう依頼していた。与那国の自民党町議もそれに従っただけのことだが、ひとたび決議されると『国境地帯が危機感を持っている』証左として利用されていく」（『日本型排外主義』207〜208ページ）。

『日本型排外主義』は、「在特会」等排外主義者による「在日特権デマ」やヘイトスピーチの背景を追及しているが、注目されるのは、「日本は、冷戦構造のもとで米国の傘下に入ることにより、戦争責任や植民地清算を曖昧なまま処理することが許容されてきた」「対外的に謝罪した直後に国内向けの妄言が飛び出る『国辱者』の学習能力の欠如が、近隣諸国との関係をこじらせ、その延長に日本型排外主義がある」（『日本型排外主義』２１０ページ）と指摘していることである。

ダワー、マコーマックにおいても「神道政治連盟国会議員懇談会」といった極右団体と政治との関係が述べられており（日本会議その他のファナティックな極右団体と議員との関係は『安倍晋三の本性』〈金曜日、二〇〇六年〉参照）、サンフランシスコ体制は日本の戦争責任を曖昧にするという「遺産」をもたらしたと指摘している（同書46ページ以下「歴史問題」及び２５５ページ以下「歴史問題論争——戦争の記憶と忘却」を参照されたい）。

「某国が国境の島を占領する」「在日特権」等あまりに低レベルな言説が流布しており、歴史認識においても「従軍慰安婦はただの売春婦」「南京虐殺否定論」「東京裁判史観批判」等とっくに論破されている「ゾンビ歴史学」ともいえる「学説」が相も変わらず書店を占拠し、ネット空間にも増殖している。また、これを背景に「嫌韓」「嫌中」本がベストセラーとなり、反韓、反中感情が蔓延しつつある状況は、一部日本人の知的劣化を示している。

これは樋口が指摘するように、「右派論壇」による「歴史修正主義」言説の影響がうかがえるのであり（『日本型排外主義』第六章「排外主義運動と政治」参照）、サンフランシスコ体制の下、曖昧にされてきた戦争の実態、戦争責任について歴史研究者がいかにして説得力のある発言をするかが、これまで以上に重要になっているといえる。

以上の知的劣化、右傾化は単純に言説として流布しているだけなら、現行憲法は言論の自由を保障しており、どの言説を妥当とみるかを個々人が選択すればいいという話になるが、現状は全体主義化の様相を呈している。この本も、高江集落のへリパッド工事強行に反対する住民へのスラップ訴訟を「ファシズムを思い起こさせる」（147ページ）ものとして取り上げているが、スラップ訴訟は震災がれき受け入れ反対や反原発に対しても行われており、しかもマスメディアは積極的に取り上げようとしない（「止めようSLAPP裁判」等のウェブサイトを丹念に検索するしかない）。なお、オスプレイ配備に反対する住民達への違法な手段を用いての弾圧については、宮城康博／屋良朝博『普天間を封鎖した4日間』（高文研、二〇一二年）に詳しい。

二〇一三年に秘密保護法が強行採決され、ますます報道が画一化され、全体主義的傾向が強まりかねない状況にある。全体主義化は国家権力のみならず、在日朝鮮人、沖縄、アイヌ、生活保護受給者へのヘイトスピーチ、バッシング等、社会の側にも広がりつつある。戦前、戦時中の全体主義国家がいかに悲惨な言論弾圧を行なったか（特高警察、思想検事）。その結果、情報が画一化し、事情を知らない多数の国民がいかに戦争に熱狂的に協力していったか。この点を確認し世に問うていくことも、歴史研究者の重要な役割であろう。

本稿を執筆していて、次のような会話が浮かんできた。

X　確かに、ダワーやマコーマックの文章には教えられることが多かったですが、沖縄側の問題点に無関心過ぎるように思いました。

評者　そうですね、軍用地地主の問題とか、補助金依存体質とかありますよね。

X　それが基地撤廃の足を引っ張っている。

評者　ただ、一〇〇万円盗むのと、一億円盗むのとでは、罪の重さが違いますよね。繰り返しますが、沖縄県民は一四〇万人、日本人は一億三〇〇〇万人。すべての沖縄県民が、基地に反対しても、多数決で押しつぶされます。一部の沖縄県民の問題点だけ強調して、「本土」の有権者の言動に無関心なほうが怖いと思いますよ。あまり適切な比喩ではないかもしれないですが、すりや万引きのようなケチな犯罪を血眼になって摘発しながら、一〇億円の贈収賄を見逃すような感じですかね。「本土」在住の知識人は、沖縄のおの字も出さずに、基地問題を論じるくらいでちょうどいいと思います。つまり、一億三〇〇〇万人の責任を議論するということです。

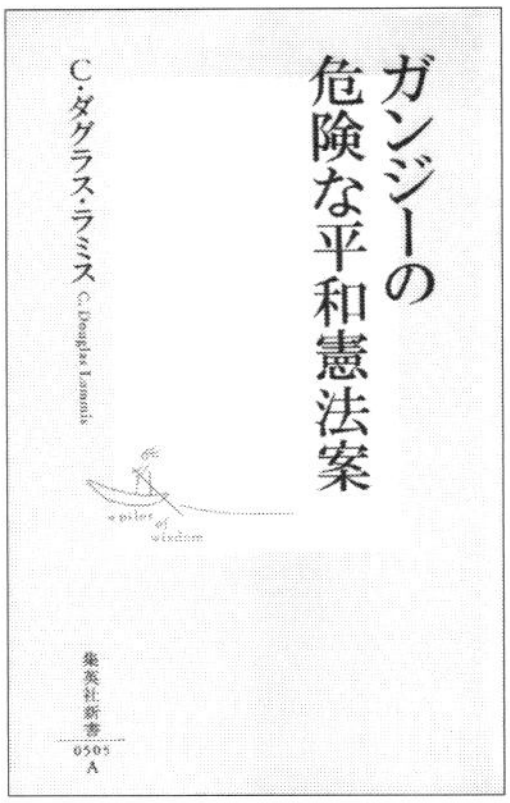

Ｘ　それから、この書評では、サンフランシスコ体制を押し付けた側、つまり米国の責任を追及する記述が少ないですね。

評者　確かにそうです。今後の課題ということで勘弁してください。今、思い出すのはガンジーの以下の発言です。「インドをイギリスが取ったのではなく、私たちがインドを与えたのです」「インドを支配するのに剣は役に立ちません。私たちこそがイギリス人たちを（インドに）引き留めているのです」（C・ダグラス・ラミス『ガンジーの危険な平和憲法案』集英社、二〇〇九年）。

（『流経法学』14巻1号、流通経済大学法学部、２０１４年７月）

『暮らして見た普天間――沖縄米軍基地問題を考える』

一、要旨

『暮らして見た普天間――沖縄米軍基地問題を考える』（植村秀樹著、吉田書店、二〇一五年）は、半年間宜野湾市に居住した著者が、以下の四つの「解くべき問題」を設定し、それを解明していくという体裁をとっている。

①何もないところに基地を作ったら、カネ目当てに人が集まってきた。
②海兵隊の沖縄駐留は、日本の防衛のために、また抑止力としても、不可欠である。
③沖縄の経済は基地に依存している。
④沖縄の人びとは、基地の撤去よりも経済の発展を求め

ている。

詳細な検証過程はこの本を読んでいただくとして、結論だけ抜き出すと以下のようになる（同書233ページ以下）。
①については「普天間基地となった場所には街道が通っており、それに沿っていくつも集落があり、役所や学校が並んでいた。家や土地を奪われた人たちがしかたなく基地の周辺に住みつき、今日にいたっている」ということで「容易にくつがえった」。
②については、「海兵隊についての根強い〝神話〟があるが、これもすでに述べたように明確に否定するものである」。「（海兵隊の施設は――評者）グアムでもフィリピンでもオーストラリアでも構わない。ただし、アジア太平洋戦争で多くの犠牲の末に手に入れた沖縄という〝戦利品〟を海兵隊は簡単には手放さないかもしれない。その上に、莫大な『思いやり予算』が駐留を支えている。最大の障害はここにある」。
③については、「現在では基地依存経済というわけではない。ただし、基地のある市町村の財政にとっては大きな存在となっており、さらに地主や基地労働者のことなども考えると、県民所得に占める五％の代替はそう簡単な話ではないだろう。その鍵を握るのは跡地利用であり、沖縄経済の明日はここにかかっている」。
④については「（基地があり被害を被っている――評者）地域の住民ほど基地撤去という方向での問題の解決を強く求めているとは簡単に言えない面もある」。「民意のあらわれかたが世論調査と選

挙で異なっていたのはそのあたりの事情（補助金や振興策等——評者）を反映している」。そして日米安保条約破棄は「現実的な解決策とはいえない」とし、「日米安保条約を認めるということは、現在ある米軍基地をそのまま認めるということなのか。そうとは限らない。日米安保体制を支持するとしても、今のあり方を再検討することは、論理的にも現実的にも可能な話であるばかりか望ましいといえる」と述べている。

最後に「沖縄に足りないのではないかと」考えている点を指摘して同書は締めくくられている。それは以下のような内容である。

まず、大城常夫・高良倉吉・真栄城守定によって提起された『沖縄イニシアティブ——沖縄発・知的戦略』（ひるぎ社、二〇〇〇年）にふれつつ、「基地と部隊を仕分けし、その運用を点検する。そうすれば、役割や重要性の度合いは、不可欠から不要までさまざまに分別でき」「負担すべきものと負担できる範囲・程度を適切に定め、その限度を超えるものについて善後策を講じる。こうした姿勢は本土の国民の理解を得るうえでも必要となろう」「アメリカがそれも軍が『必要』という名の軍の都合を押し付けているだけなのではないだろうか。本来であれば、米軍再編論議の際などに、沖縄からこうした問題提起をしてもよかった」と指摘する。

また、「危険だから撤去というだけでは、移転先を探す

ことになり、県外移設を主張すれば本土との軋轢を生むことになる。海兵隊駐留の必要性を問わないままの押し付け合いでは、国民の間に〝内乱〟を誘発することになる。その利益を得るのはだれなのか。相手を間違えてはいけない」とも指摘する。

さらに「沖縄で暮らして見て残念に思ったことのひとつは……本土の国民に対する敵対感情を煽るような言説が目立つようになってきていることである。問題のありかを見誤っていては解決の道は見いだせない」と述べている。

確かに、これらの指摘はまったくの的外れとはいえないまでも、「本土」在住の有権者の主張となると、重要な視点を欠いていると言わざるをえない。以下、章を改めて論じてみよう。

二、「本土」の民意、沖縄の民意

そもそも論として、沖縄に米軍基地を押し付けているのは、「本土」の有権者（評者自身も含む）の民意である。沖縄側から基地を誘致したことは一度もない。

米軍基地を沖縄に集中させる政策を進めてきたのは歴代の日本政府であり、著者の論理では、民意とは世論調査ではなく選挙によってあらわされるものである（「政治は選挙で動くものである。世論調査ではない。これが政治のルールであり、現実でもある」。同書187ページ）。そうであるならば、歴代の日本政府を支えてきた日本「本土」の有権者の投票行動こそが、沖縄に基地を押し付けてきた原因である。もちろん、米国（特に軍）の意向も大きな要因であるが、少なくとも一四〇万の沖縄住民の民意などより、一億三〇〇〇万の「本土」住民の民意がはるかに大きな影響力をもつことは明白であろう。沖縄への基地押し付けがなければ、補助金・振興策や軍用地地代をめぐる沖縄住民の分裂も、基地被害も、「本土の国民に対する敵対感情を煽る言説」も、「県外移設」論も生じなかったという経緯を押さえる必要がある。

極端にいえば、沖縄の全ての有権者が米軍基地撤去の意思表示を投票行動であらわしても、多数者である「本土」有権者の投票行動が変わらなければ、基地は動かず、それが「政治のルール」ということになる。現に、この本でもふれているように、二〇一四年は、名護市長選挙、沖縄県知事選挙、衆議院議員選挙で、辺野古新基地建設反対派の候補者が当選した。つまり沖縄の有権者は、ことごとく辺野古新基地容認候補を落選させた。ところが、衆院選挙で沖縄の有権者が、辺野古新基地容認の自民党候補者四人全員を落選させたのにもかかわらず、四人とも九州比例区で復活当選した（九州比例区で自民党は八議席獲得。内四人が沖縄の議員）。結果的には「本土」の有権者が、沖縄の有権者の選択を覆したのである。そして、日本政府は沖縄の民意を無視して、基地建設を強行している。著者は、そのような政府のやり方には批判的なようだが、「本土」有権者の投票行動が日本国全体の民意である以上、それに従うことが「政治のルール」ということになってしまう。基地全面撤去ではない。たかだが、辺野古大浦湾に新しい基地を作るなという程度の沖縄の民意でさえ、「本土」の民意に阻まれているということだ。

いずれにしても同書は、「本土」の有権者の責任についてはは言及しておらず、前述のように沖縄住民が「本土からの理解を得る」努力をしなければならないという姿勢がみられる。「アメリカがそれも『軍』が押しつけている」というくだりも、「本土」の責任にふれていない。「理解を得る」努力が必要なのはどちらだろうか。沖縄に基地を置かせてくださいと頼むほうである。沖縄側から基地誘致をしたわけではなく強要されただけなのに、なぜ撤去の理解を得る努力が必要なのか。

また、沖縄住民が県外移設を主張すると、「軋轢」「内乱」が生じるというが、在沖縄海兵隊はそもそも岐阜、山梨両県にあったものが、現地の反対運動により沖縄に移設されたものだ（後述）。その時、「本土」の住民は、沖縄へ押しつけると「軋轢や内乱が起きる」と、反対運動をしただろうか？ なぜ沖縄側からの県外移設論だけが非難されるのだろうか。著者は「相手を間違えてはいけない」と記しているが、迷惑施設を無理強いしている者に対して「引き取れ」と主張することは、当然の話であり、相手を間違えているとは思えない。

「本土の国民に対する敵対感情を煽る言説」にいたっては、だれのどのような発言なのか明記していないので、検証のしようがない。これでは、沖縄住民は「反日」であると印象づけるだけである。他方で、同書は「本土」から沖縄への罵声、暴言については言及していない。

二〇一三年一月、オスプレイ強行配備に抗議する沖縄県の全市町村長、議長、県議が上京し、日本政府に「建白書」を手渡した。前日には、日比谷野外音楽堂で集会が開かれ、四〇〇〇人が集まり、その後銀座パレードが実施された。数寄屋橋交差点付近には、日章旗、旭日旗、米国旗を手にした団体が陣取り、「いやなら日本から出ていけ」などと罵声を浴びせた（大田昌秀／新川明／

稲嶺恵一／新崎盛暉『沖縄の自立と日本――「復帰」40年の問いかけ』岩波書店、二〇一三年）。この罵声は、「非国民」「反日」「中国へ帰れ」「ゴキブリ！」「ドブネズミ」などというものだった（二〇一三年一月二七日、日比谷野外音楽堂での「NO OSPREY 東京集会」。ウェブサイト「ヘリ基地いらない二見以北10区の会」参照）。ちなみに、評者もこの場にいたのであるが、いくつもの集団が大音量スピーカーから、下劣な罵声を延々と響かせていた。

『週刊文春』（文藝春秋）二〇一五年四月二三日号は「翁長知事を暴走させる中国・過激派・美人弁護士」と題した特集を掲載した。翁長知事サイドが中国に操られているとの印象操作をはかったデマ記事である。二〇一五年六月二五日、百田尚樹は自民党勉強会で「普天間飛行場はもともと田んぼのなか」「沖縄の二紙はつぶさないと」と発言した（『沖縄タイムス』二〇一五年六月二六日）。インターネットの各種ＳＮＳや掲示板は、翁長知事や辺野古新基地建設に反対する沖縄住民に対する、「反日」「中国の手下」「ヅラ」など品性も知性もない書き込みであふれている。これらの言動こそ沖縄の人たちの「敵対感情」を煽っているのではないだろうか。

　このような罵声、暴言は論外としても、「本土」有権者の民意＝投票行動の結果、沖縄への米軍基地の集中が進み、固定化され続け、多くの沖縄住民が土地を奪われ、米

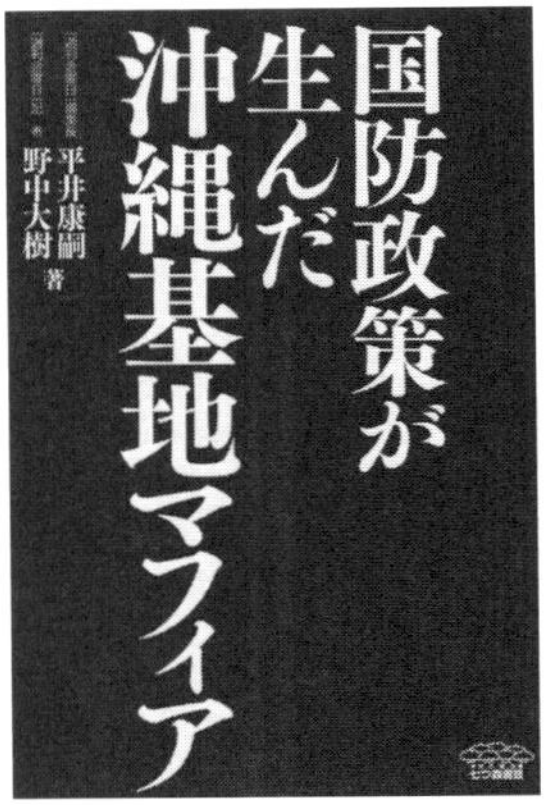

軍基地由来の事故や犯罪の犠牲になっている（後述）。沖縄の有権者の投票が国政に影響したことなどなく、「本土」に悪影響を与えたこともない。沖縄からの「本土の国民に対する敵対感情を煽る言説」がどのようなものであれ、その結果、命を落とした「本土の国民」は皆無であろう。

また、民意ということでいえば、補助金や振興策の利益に与る、主として建設業界の民意と基地被害に苦しめられている人たちあるいは潜在的に被害にあう可能性が高く、そのことに異議を申し立てている人たちの民意を同列に扱っていいのだろうか（建設業界の基地誘致活動については、平井康嗣／野中大樹『国防政策が生んだ沖縄基地マフィア』〈七つ森書館、二〇一五年〉参照）。すなわち、民意という言葉が、単純に多数決で決めればいいという意味で使用されることには違和感を覚えるのである。例えば複数の喫煙者と複数の嫌煙者が同じ空間に存在した場合、喫煙の可否を多数決で決めていいものだろうか。

違う例を挙げると、昨今、集団的自衛権行使容認の閣議決定に基づく安全保障関連法（九月一九日可決）への批判が相次いでいる。しかし、著者の論理でいくと、そのような国会議員を選んだのは有権者であり、すなわち民意である。民意で選ばれた議員が多数決で可決した以上、違憲であろうがなんだろうが、「これが政治のルール」ということになり、投票した有権者が悪い、で終わってしまう。安保法案は選挙の争点ではなかったという言い訳は通用しない。争点化されなかったということは、そのテーマは「それほど重要ではなく」「その程度の問題でしかない」（同書183、184ページ）のであり、つまり有権者の関心が低かったことのあらわれであるからだ。

このように考えると、基地問題に限らず、あらゆる政治的争点において、民意（多数決）だけを追求するのではなく、別の視点が必要だということが理解されるだろう。それは立憲主義、人権だと評者は考える。仮に沖縄県全体として基地受け入れを表明する選挙結果や世論調査の結果が出たとしても、人権という観点から基地の撤去を訴えるという選択はありえる。沖縄全体の民意が反対だから基地建設に反対する、賛成なら賛成するという姿勢は、人権を考慮していないものである。

三、人　権

この本では、主として宜野湾市の基地被害が実体験を交えて詳細に描かれている。ここでは沖縄全体の被害状況を少々補足したい。米軍基地の集中により、生存権、所有権を侵害されている状況が七〇年も続いていることが理解できるだろう。

一九四六年から一九四九年までの「女性問題を続る外人に依る沖縄住民に対する犯罪」によると、強姦一〇九件、同未遂八五件、殺人二三件等、計一〇三〇件となっている。事例をみると、「日中であっても道路を歩行中にトラックやジープに乗った米兵に拉致され、同行者がいても拳銃などで脅迫されて性暴力を受けている」「無法地帯としかいいようがない状況である」。

一九五六年に四五六件、一九五七年に三五一件の犯罪の記録があり、「琉球政府の警察が犯人を逮捕しても琉球政府には裁判にかけて処罰することができず米軍に引き渡さざるを得なかった。しかも引き渡した後、米軍がその犯人をどのように扱ったか、知らされていなかった」（林博史『暴力と差別としての米軍基地』かもがわ出版、二〇一四年）。

復帰後（一九七二年以降）の米軍航空機関連事故は二〇一一年末までに五二二件、そのうち基地外での発生が一四三件。演習による原野火災等は同時期に五二八件。米軍構成員等による犯罪検挙件数は、同時期五七四七件。五六八件は、殺人、強姦、強盗、放火などの凶悪犯罪。復帰前では、一九六四年から六八年の五年間の米軍人・軍属による犯罪件数は五三六七件、そのうち殺人、強姦、強盗などの凶悪犯罪は五〇八件、摘発率は三三・六パーセントにとどまっていた。米軍関係者が第一当事者である交通人身事故は、一九八一年から二〇一一年まで二七六四件発生している（ガバン・マコーマック＋乗松聡子『沖縄の〈怒〉——日米への抵抗』法律文化社、二〇一三年）。

とりわけ有名な事故は、一九五九年、宮森小学校空軍機墜落事故である。「一八人が犠牲になり、二〇〇人以上が負傷した石川市（現うるま市）の宮森小学校米軍機墜落から五五年がたった。沖縄戦を生き延びた人の子どもたちが犠牲になった事故は、まさに『二重の犠牲』だ。そんな理不尽な沖縄の戦後史を胸に深く刻みたい。慰霊祭前日には当時の在籍者による初の同窓会が開かれた。五五年経過してようやく開催できたということ自体、心の傷の深さを物語る。軍用機が上空に来ると目が泳ぐ。事故の話になると自然と涙が湧く。体験者のそんな話を聞くと、心的外傷が今も癒やされてなどいないことが分かる。娘や息子を、受け持つ児童を、同級生を、救えなかった。遺族や教員、児童は今も痛恨の思いをかみしめている。何の罪も責任もないこの方々に、これほど痛切な思いを強いているのは誰か。沖縄にこんな戦後史をもたらした日米両政府こそ、自責の念を抱くべきだ」（『琉球新報』二〇一四年七月一日）。

犯罪では､少女殺害事件を振り返る以下の記事を紹介する。「一九五五年九月に起きた『由美子ちゃん事件』と呼ばれる女性暴行殺人事件は県民の記憶に焼き付いている。エイサー見物に出掛けた六歳の少女が翌朝、嘉手納村の野原で変わり果てた遺体として見つかった。あおむけのまま放置された少女は、雨でずぶぬれとなり、口はきつくかみしめたままで、左手は草を強く握りしめていた。どれほどの苦痛を味わったかを思うと、言葉が見当たらない」（『琉球新報』二〇一二年、七月七日）。

米軍基地がなくても、凶悪犯罪や事故が生じることは確かだろう。が、米軍基地がなくなれば、大幅に軽減できることも明らかである。しかも日米政府は、米兵の犯罪軽減について、有効な対策を打つこともなく、今日まで放置しているのである。

その他、基地内・周辺地域で枯葉剤、ＰＣＢ、ダイオキシンなどの有害物質による環境汚染が報告され、嘉手納空軍基地、普天間飛行場周辺の騒音被害も耐え難いものとなっている。そもそも沖縄の米軍基地の多くは、家屋や田畑だったところを「銃剣とブルドーザー」で強制的に奪っ

て建設されている。これは明白な所有権侵害である。農家にとっては生産手段を失うことであり、死活問題である。

以上のような人権侵害を民意（多数決）によって放置してよいものだろうか。特定地域の所有権、生存権をその他の多数者の民意で侵害することが許されるのだろうか。

近代憲法においては、人権と国民主権は「個人の尊厳」の原理に支えられて不可分に結び合って共存の関係にあり、憲法改正権はこのような「根本規範」ともいうべき基本原則を改変することは許されない。ドイツ連邦共和国憲法七九条は、国民主権と人権の基本原則に影響を及ぼす改正は許されないと規定し、フランス第五共和国憲法八九条は、共和制を改正することはできないと規定している（芦部信喜『憲法 第五版』岩波書店、二〇一一年）。日本国憲法には、ドイツ連邦共和国憲法のような明文規定はないが、芦部のように人権と国民主権に影響を及ぼす改変は許されないと解することは可能である。

日本国憲法は、人権を、（憲法や天皇が国民にあたえたものではなく）「人間であることにより当然に有するとされる権利である」と規定する。人権を「信託されたもの」（七九条）、「現在及び将来の国民に与えられる」もの（一一条）とする規定に表れている（芦部信喜『憲法 第五版』）。

人権は、民意（多数決）によっても否定することができない、「人間であることにより当然に有するとされる権利」である。これは、人権を侵害する立法は許されないということであり、人権侵害状況を国家は放置してはならないということでもある。しかるに、沖縄住民の人権は、日本「本土」の民意（多数決）によって侵害され続けている。沖縄返還からすでに四三年。沖縄の人たちは、これほど長く基地が存置されるとは思っていなかったはずである。

四、日本人と沖縄人は共存できるのか

著者は、「沖縄と本土のあいだで課題を共有し、共通の目標を持つことが肝要である。莫大な税金を米軍に注ぎ込み、基地周辺に負担を負わせているが、それが本当に必要なのか、それに見合う貢献をしているか。これを納税者の視点で検証し、主権者の立場で判断し主張するのがわれわれの務めであろう」と主張する。

しかも、在沖縄米軍の中枢を占める海兵隊について、日本の防衛のためにも抑止力としても不可欠ではないという前提にたっているので、結論としては、沖縄の基地負担軽減につながる主張となっている。

付け加えるなら、「沖縄と本土のあいだで課題を共有」することはもちろん必要であるが、その前提として「本土の人たちと沖縄の人たちの関係」について、これまでの経緯を共有する必要があると考える。基地の押し付けを、「尊厳」という視点から見ていきたい。最低限、以下の事実を

共有することが必要だ。

①一四二九年、尚巴志によって統一されて以来、琉球は独立国家であった。一六〇九年に、薩摩島津氏の侵攻によって薩摩藩の「附庸」となるが、国際社会においては引き続き独立国としての体裁を保ち続けた。その結果、一八五四年、琉米条約が締結され、琉球国はその後オランダ、フランスとも同様の条約を締結している。

②明治政府は一八七九年、警察隊一六〇名、熊本鎮台分遣隊四〇〇名を率いた松田道之処分官を派遣し、首里城を取り囲み、廃藩置県を強要した。武力を背景とした圧力に抵抗することができず、尚泰王は首里城を退去し、琉球国は消滅。沖縄県が設置された（『沖縄県史 各論編5 近代』沖縄県教育委員会、二〇一一年）。主権国家を暴力で消滅させたという点で、韓国併合に類するものである。

③沖縄県設置以降、日本政府、日本社会は沖縄人を蔑視する。一九〇三年、大阪での第五回内国勧業博覧会で、かやぶき小屋のセットに琉球人女性が陳列され、見世物にされた「人類館事件」がおこる（比嘉克博『琉球のアイデンティティ――その史的展開と現在の位相』琉球館、二〇一五年）。久志芙沙子「滅びゆく琉球女の手記」が『婦人公論』一九三二年六月号に掲載され、「琉球人の琉の字も匂わせず、二〇年来、東京の中に暮らしている」叔父のことを描く。

軍隊においても「沖縄出身兵たちは、他府県出身の兵士たちから民度が低いと馬鹿にされたり、体格の劣るのを嘲笑されるなどの屈辱の日々を味わう羽目になりました」（大田昌秀『大田昌秀が説く沖縄戦の深層』高文研、二〇一四年）。

④沖縄戦において、日本兵は沖縄住民をスパイ視して虐殺し、避難壕から追い出し、食糧強奪などの残虐行為をはたらいた。「一説によると、守備軍将兵によっておよそ一〇〇〇人近くの住民がスパイを働いたという嫌疑で殺戮された」（大田昌秀『大田昌秀が説く 沖縄戦の深層』）。日本兵の証言によると、「沖縄住民への差別意識もあった」「生活様式や言葉などの文化の違いに戸惑う」「住民を銃で脅して食べ物を奪う強盗兵もいた」（國森康弘『証言 沖縄戦の日本兵――六〇年の沈黙を超えて』岩波書店、二〇〇八年）。沖縄戦は、沖縄住民を盾にして掃討戦を長期化させ、国体護持を実現するための戦略持久戦だった。住民同士の「集団死・殺し合い」を軍に強要されもした（石原昌家「沖縄戦の諸相とその背景」〈『新琉球史 近代・現代編』琉球新報社、一九九二年〉）。

⑤戦後沖縄の米軍統治については、「二〇年から五〇年、あるいはそれ以上にわたる長期の貸与というフィクション」のもとで継続されることを望むという天皇の「沖縄メッセージ」がマッカーサーに伝えられていた（豊下楢彦『昭和天皇・マッカーサー会見』岩波書店、二〇〇八年）。

⑥アメリカ海兵隊は一九五三年に、岐阜県と山梨県に駐留した。米軍基地に対する住民の反対運動があちこちで燃えさかり、一九五六年に「米軍統治下にあった沖縄に海兵隊を移してしまった」（屋良朝博『誤解だらけの沖縄・米軍基地』旬報社、二〇一二年）。日本政府は、沖縄返還以降、米軍基地の機能を沖縄に集約し、「本土」の米軍基地は約三分の一に減少したが、「在沖米軍基地は一〇数パーセントしか減らず、その一部は自衛隊基地に転用された」（新崎盛暉『新崎盛暉が説く　構造的沖縄差別』高文研、二〇一二年）。

以上の経緯から分かることは、まず少なくない日本「本土」の人たちの沖縄人蔑視があり、その延長線上に米軍基地の押し付けがあるということである。少なくとも一定の沖縄人たちはそのように感じているし、以上の諸事実からすると当然だと思われる。つまり、沖縄の人たちは「尊厳」を踏みにじられ続けているのである。評者はガザ地区のパレスチナ人たちが「求めているのは人間としての尊厳」、「こんなに破壊されてもアラブ諸国は味方してくれなかった。だれも行動しなかった」と、コメントした映像をみて、程度の差こそあれ沖縄と類似しているとの印象をもった（土井敏邦監督『ガザ攻撃２０１４年夏』二〇一五年）。

この状況は現在も変わっていない。

二〇一二年五月九日、『琉球新報』と『毎日新聞』の世論調査で、「沖縄への米軍基地の集中は不平等だ」との問いに、沖縄では六九パーセントが不平等と解答したが、日本では三三パーセントだった。沖縄への基地集中は不平等と答えた日本人でさえ、六九パーセントが自分の居住地への米軍基地移設には反対すると答えた。翌日の『琉球新報』社説は「沖縄の過重負担を一定程度理解しても、基地受け入れには難色を示すのが日本の民意」と評した。二〇一二年一一月八日の九州市長会で、沖縄からのオスプレイ撤去の文言が決議文から削除され、鹿児島市長は「九州市長会で決議すれば、沖縄以外の他の県にもってきていいよと意味することになる」と述べた（比嘉克博『琉球のアイデンティティ――その史的展開と現在の位相』）。

さらに今年一〇月二八日、政府がオスプレイを使用した海兵隊の訓練拠点を佐賀空港に移転する計画を見送るとの報道に、菅官房長官は「地元の了解をえることが当然」とコメントしている。オスプレイ配備について、二〇一三年一月に、沖縄の全四一市町村長らが安倍首相に撤回を求める建白書を渡したが、一顧だにされなかった（『沖縄タイムス』二〇一五年一〇月二九日）。沖縄人が基地の県外移設を主張すると叩かれ、「本土」から沖縄に移設し、あるいは「本土」が基地受け入れを拒絶しても「本土」のメディアはおとなしい。「本土」で基地を作るには地元の了解が必要だが、沖縄では了解を得なくても強行するとの姿勢に、沖縄の人たちが納得できるものだろうか。

以上が、日本人と沖縄人との関係という視点からの歴史の共有が必要だと考える所以である。おそらく大半の「本土」の人たちに、沖縄人を蔑視、差別しているという自覚はない。それゆえ、前記のような歴史的事実をお互いが共有することは、より良い関係を作っていく第一歩となるだろう。

もちろん、「本土」にも、課題を共有し、基地問題解決に動いている人たちがいることも事実である（いくつかの例をとりあげた拙論「近代沖縄と日本の国防」〈本書104ページ〉を参照されたい。いろいろ批判もしたが、この『暮らして見た普天間』執筆も基地問題解決を見据えた行動の一つであると認識している）。

最後になるが、「日米安保条約を認めるということは、現在ある米軍基地をそのまま認めるということなのか。そうとは限らない。日米安保体制を支持するとしても、今のあり方を再検討することは、論理的にも現実的にも可能な話であるばかりか望ましいといえる」という著者の主張は検討に値すると思われる。参考になりそうな選択肢を提示したい。

（フィリピンは——評者）八七年に新憲法を公布し、九一年に上院が基地存続条約の批准を拒否、九二年までに米軍基地を完全撤退させました。……

東南アジア諸国連合（ＡＳＥＡＮ）加盟の一〇カ国内には、ご指摘のように、現在、米軍基地はありません。フィリピンとアメリカの間には「米比相互防衛条約」という二国間の安全保障条約があります。……

しかし、ＡＳＥＡＮという地域連合としては非同盟の原則を貫き、軍事力ではなく外交で紛争を解決する知恵を積み重ねてきました。米軍基地がなくても、地域の安全保障の仕組みは機能しています。……

（前泊博盛編著『本当は憲法より大切な「日米地位協定入門」』創元社、二〇一三年）

（『流経法学』15巻2号、2016年2月）

『聞け！ オキナワの声
――闘争現場に立つ元裁判官が辺野古新基地と憲法クーデターを斬る』

著者・仲宗根勇は、かつて裁判官を務めた法律専門職経験者である。二〇一四年から、キャンプシュワブゲート前行動に参加し、現在、週二日辺野古に通っている。

この『聞け！ オキナワの声――闘争現場に立つ元裁判官が辺野古新基地と憲法クーデターを斬る』（未來社、二〇一五年）は、第一部が憲法をテーマにした講演記録、第二部が「辺野古総合大学」でのスピーチ集となっている。「辺野古総合大学」とはなにか？ 近年、ゲート前に世界中から、マスコミ関係者、学者、政治家、音楽家、映画監督、落語家などが集い、演説、歌、踊り、楽器演奏などが繰り広げられ、「人間と人間とのコミュニケーションが生まれる社会的磁場となり……相互に強い連帯感と人間愛を育」む場となり、いつしか「辺野古総合大学」と呼ばれるようになった（14ページ）。

この本の特徴は、法令や判決例など一般読者には難解な話を分かりやすく表現していることである。しかも法解釈学的に説得力がある。政府による辺野古新基地建設の強行はなぜ違法なのか？　非暴力抵抗運動はなぜ合法なのか？　これらの法的な根拠を知るための必読書である。

第一部「日本国憲法の原点」は、憲法制定過程と「戦争法」が中心となっている。前者に関しては、「押し付け憲法論者」の無知を指摘する。彼らは「現行憲法は憲法を知らないＧＨＱの素人集団が短期間でつくったもので、専門家によるチェックもなかった」（櫻井よしこ）、「たった八日間」でつくった（安倍晋三）と主張する。

実際には議会で三カ月あまり審議し、吉田茂内閣の憲法担当の金森徳治郎が議員と一三六五回応答して作成された。小委員会でも審議されており、制定過程でマッカーサー草案にはなかった条文が多数入ってきた。例えば、憲法二五条の生存権は森戸辰夫が小委員会で強く主張して条文化された。当初六年だった「義務教育」は、審議過程で九年とされた（63ページ以下）。

第二部は「『辺野古総合大学』憲法・政治学激発講義」である。

海上保安庁は抗議者に馬乗りになり暴力を振るっている。海上保安庁法は、「犯罪を犯すか、犯そうとしている、災害の危険がある、どうしようもない緊急な状態にある、という場合に保全処置をとる」と規定する。カヌー隊の抗議行動は「憲法で認められている表現の自由」に基づく行為であり、国家による弾圧は許されない（118ページ）。

ゲート前テントは全面撤去できない。平成五年最高裁判決は、表現の自由を制限する要件を示しており、テントの幅を狭めるなど一部制限ならともかく、「全面撤去せよ」は最高裁の提示する制限の範囲を超えている（124ページ）。

現場のリーダー逮捕に関して、黄色い線の一歩二歩中に入っても、具体的な侵害行為は存在せず、違法ではない（つまり不当逮捕）。例えば住宅の敷地内にセールスマンが入ってきても住居侵入罪にはならない。「実質的違法性論」といって「違法性阻却事由」にあたる（130ページ）。また、警察法二条には「個人の権利及び自由の干渉にわたる等その権限を濫用することがあってはならない」とある。「名護署がやったことはまさに憲法の保障する権利と自由を妨害する職権の濫用」（138ページ）。

その他、集団的自衛権行使及び安保関連法がなぜ違憲なのか、国が行政不服審査法で沖縄県を提訴することがなぜ不当なのか、自民党憲法改正案はなぜ立憲主義に反するのか、職権濫用する警察との戦い方、県が国と法廷闘争を有利に戦う方法についても説明している。

なお、この本は表現の熱量が圧倒的で、しかも時にユーモラスである。

「この闘争に勝利するのは、ゲート前に集まったわれわれ！……必ず勝利する！　私の話はヘリクツじゃありません。つねに正論である！　だからちょっとサービスで、わらべうたで終わりにしたいと思います（笑い）。もしもしアベよ、アベさんよ……」

「みんな車を持ち出して、海上保安庁がゲート内に入るような時間帯に、全部ここに車を上下とも二十台、二百台、二千台、二万台で覆い尽くす」

「（太平洋からインド洋にかけての広い海を、自由で法の支配が貫徹する平和の海にしなければなりません」という安倍晋三発言に対して）まったく、どこからこういう言葉が出てきますか！　辺野古の海で、平和な海ですか！　あれは」

「安倍にアベーラサンケー」

この熱はどこから来るのだろうか。著者は、立憲主義、法治が崩壊した後の日本国、日本社会を見据えているように思われる。このままでは、国家による人権侵害が蔓延する世の中になるとの危機感である。法を無視した辺野古新基地建設を放置すると日本全体に人権侵害が波及する。気づいている「本土」の人たちは少数ではあるが、徐々に「辺野古総合大学」に集っている。「ヒラメ裁判官」ばかりの昨今、法廷闘争では国が有利であり、辺野古新基地建設を阻止するには、「われわれがここで闘争を続けること」が必須条件である（２４１ページ）。この本を読めば、辺野古の海を守ることは日本の立憲主義、法治を守ることにつながることが理解できるだろう。


（追記）

『季刊 未来』５８２号（未來社、二〇一六年一月）に、仲宗根勇「沖縄・辺野古——新しい民衆運動」（法政大学沖縄文化研究所総合講座「沖縄を考える」二〇一五年一一月二七日の講演録）が掲載されました。チョムスキー等海外の著名人やアメリカ人労働者連合（組合員六六万人）による辺野古新基地建設反対声明、「今後の民衆の闘い」の選択肢（アメリカに対するショック療法）など同書になかった話や同書執筆以降の出来事も記されており、こちらも併せてお読みいただければと思います。

（『法政大学沖縄文化研究所所報』78号、２０１６年3月）

『沖縄自立の経済学』

屋嘉宗彦著『沖縄自立の経済学』（七つ森書館、二〇一六年）を読むと不思議と明るい気持ちになる。沖縄経済の自立という絶望的に困難なテーマを扱っていながらである。おそらく、明確な指針が示されており、しかもすべての人間が参加可能であり、経済自立に貢献できる方策を提示しているからだ。

世界経済が人間の生命・生活をないがしろにした生産活動に突き進むなか、この本は、それでは本末転倒、健やかな生命・生活を育むための生産・流通・消費を構築していこうという宣言になっているように思われる。

概要は以下のようなものである。

1章　沖縄経済の実態

県内総生産は三兆八〇六六億円である。また、県外から一兆五七一〇億円買って、県外に八四一三億円売っており、七二九七億円の赤字となっている。

県の財政は七割以上（一兆一二〇六億円）、国からの財政移転に依存している。これは戦後二七年間、自主的経済活動を阻害され、基地依存・輸入依存を強いられた結果である。

2章　重化学工業中心につくられてきた日本の産業構造

一九五五年以降の第一次高度成長は、重化学工業が主体だった。公共事業は港湾など産業整備中心で、住宅など国民生活に関するものは軽視された。

一九六五年以降、第二次高度成長では、ベトナム戦争により、アメリカ、東南アジアへの輸出が増大し、重化学工業を中心に設備投資を促す。一九六五年段階で飽和状態といわれながら、その後も重化学工業優先が続いた。経済と国民生活とのバランス、地域的発展のバランス、産業構造の健全性は二の次となる「特異な政策」であった。

一九七二年、沖縄は日本「復帰」によって全国総合開発計画路線に組み込まれ、経済自立の方向を、重化学工業誘致に求めたが失敗する。公共事業依存体質という全国の地方自治体と同じ状況に陥る。

3章　沖縄振興策はどのようなものだったのか

一九六〇年代、先進国では、第二次産業は「過剰生産」の兆候がみられていたが、日本は重化学工業中心路線を突き進む。一九七二年「沖縄振興開発計画」はこの枠組みに組み込まれた。同時に、大型公共事業がスタートする。沖縄各地で、工業用地造成のための埋め立てが推進されたにもかかわらず、「臨海型工業」の誘致はいまだに実現していない。泡瀬の干潟埋め立て問題など深刻な環境破壊をもたらした。

第三次沖縄振興開発計画（一九九二〜二〇〇一年）は路線変更し、観光業を戦略的産業と規定した。これは地方でのリゾート開発を打ち出した第四次全国総合開発計画（一九八七年）の路線と符合する。

二一世紀沖縄ビジョン基本計画（二〇一二〜二〇二一年）は、初めて沖縄県が独自に打ち出した計画であり、「国依存の克服」を指針としている。大きな姿勢として「日本及びアジアとともに発展する」、「そのために交通網の整備が必要」と記している。初めて米軍基地の返還を課題として明記したところに、日本政府の意図から自立した意図がくみ取れる。

4章　観光・レジャー産業と経済振興

四次にわたる全国総合開発計画は、重化学工業の地方分散による地方経済活性化を図ったが失敗した。一九八七年以降は「観光・レジャー産業」を地方経済の救世主として押し出すが、日本「本土」では九二年のバブル崩壊により沈静化した。沖縄では、入域客数を順調に伸ばしている。沖縄県の観光収入は一九七七年に軍関係収入を上回り、二〇一〇年には、観光収入一八・六％（四〇二五億円）、軍関係九・七％（二〇八六億円）となった。

現状では、観光産業の担い手は大企業が中心で、地元住民は除外されている。大規模高級宿泊施設では、客の支出が地元に落ちずに、地域外に流出する。西ヨーロッパの経験では、「小さい土着の企業によって支配されているもののほうが、観光所得乗数が大きくなる」。つまり、雇用など地元への経済効果が大きい。

恩納村の「村民参加型リゾート」は、①村の物産をホテルで販売し、宿泊客をホテルから村内に誘導する。②村が主導して地元資源を活用、経済波及効果を村内にもたらす。③民宿などを組合に組織し、村民との協力関係築く、といった画期的な性格をもっており、今後の観光産業の基礎的なあり方を示す。

5章　沖縄経済自立のための経済学

国に依存しない自立可能な県内総生産は八兆三〇〇〇億円だが、現状では五兆円不足している。沖縄内部の格差も問題である。住民の間で、就労、教育、所得等の格差が大きいようでは自立に向かって努力する意味は薄れよう。

現行憲法のもとでは、国からの財政移転を否定的にとらえる必要はない。個人のシビル・ミニマム実現の手段として地域間格差是正も問題となるからだ。

現在、新自由主義経済学が経済政策の理念として「強者を擁護する役割を果たしている」。労働者保護規定の緩和、非正規雇用の一般化、野放図な金融的投機。そして国際的自由競争が経済基盤の弱い地域の経済を破壊している。これらの動向を踏まえて、沖縄経済自立のための独自の立場を築く必要がある。

6章　沖縄経済自立のための方策と経済学

社会原理（経済活動を通してわれわれが実現するもの）は「生存権」の原理である。「自助原則と互助原則」が依拠する経済的社会原則となる。これは、個人にも地域にも国家を単位とする国際社会にも適用されるべき原則である。

沖縄独立を問題とするなら自助原則を目指すべき。「貿易赤字」解消のために、可能な限り自給を目指し、輸出が順調にいかない場合でも最小限の困難で済むようにする。同時に、足りないものをできるだけ節約して輸入する。そのためには島産品愛用運動の推進が必要だが、消費者としての住民の協力が不可欠となる。

当面もっとも有力な産業は観光である。ホスピタリティの向上、県としての誘客運動、文化的コンテンツの充実などをはかりつつ、宿泊施設についても向上が必要だ。ソフト、ハード両面で、国際的水準を明確にして、それに向けての施策を積み重ねたい。

以上のように、この本は「ポスト軍事基地」を見据えた「沖縄経済自立」論である。仮に沖縄から軍事基地がなくなり、日本国からの財政移転がなくなると、県内総生産を五兆円増やさなければ、現在の経済レベルさえ維持できない。かなりシビアな数字である。評者が感銘を覚えるのは、その際、ただ単に五兆円の経済成長を目指すのではなく、「生存権」を社会原理（経済活動を通してわれわれが実現するもの）としていることである。明確な方針があるので、どのような方策を選択するか、方向性が定まってくる。

二〇一六年四月に、沖縄女性の殺害・死体遺棄事件があり、容疑者は元海兵隊員とされている。米軍基地の集中によって米兵らの犯罪や事故、環境汚染が引き起こされていることは周知の通りであり、「生存権」を破壊するものであることは明白だ。

同様に原子力発電所のような公害産業も「生存権」と相いれないことは、過去の公害やチェルノブイリ、福島の原発事故で多くの人の知るところとなった。個人間の経済格差拡大も「生存権」の観点からは克服すべき課題となる。非正規雇用の拡大、ブラック企業の蔓延など論外となろう。

それゆえ、著者がリーディング産業として観光業を重視していることは示唆的である。沖縄の地理的条件（製造業には不向き）といった理由もあろうが、観光業の発展には「平和」が不可欠である。二〇〇一年九月一一日、アメリカでの同時多発テロの際、沖縄への観光客が激減したことは記憶に新しい。軍事基地の集中＝テロや戦争の標的になることを日本「本土」の住民が熟知していることは明白だ（その上で、日本国・日本社会は沖縄に基地を押し込めているのだから、なんとも差別的である）。「観光推し」は、「生存権」を「社会原理」とする著者の方向性と一致しているのだ。

また、可能な限り自給を進め、自分たちで作れるものはできるだけ作る。作れないもの（自動車など）、足りないものはできるだけ節約した上で輸入する、という方針も重要だ。この本で明記されているわけではないが、著者の論理からすると必然的に、沖縄北部、中部、南部、宮古、八重山などの地域間経済格差の解消が課題となろう。前記の方法は、どの地域であっても「経済自立」のために適用可能、かつ有効だと考えられる。それどころか、全国総合開発計画では失敗した「地方経済活性化」を実現するために、どこの地域でも適用できる汎用性の高い方策である。「自給と節約」、これには消費者の協力が不可欠となる。できるだけ地元産の商品、サービスを利用するとの消費行動が必要だ。すべての人間が生産者であるわけではない（乳幼児、高齢や疾病で働けない人たちもいる）。しかしすべての人間は生活者であり消費者である。だれもが経済自立に参加できることをこの本は示している。もちろん魅力的な地元産品を創出する生産者の工夫・研究も不可欠で、双方が協力してこそ実現する。

なお、著者は国からの財政移転は憲法上保障された権利であり、「引け目をもつ必要はない」と主張する。ここは強調しておきたい。その上で、財政移転に胡坐をかくのではなく、三〇年、五〇年、一〇〇年先を見据えて経済自立のための努力を積み重ねていくことを主張している。

この本が多くの読者を獲得し、「生存権」の原理からいかなる産業、事業、商品が生み出せるか、侃々諤々の議論が展開されることを願ってやまない。沖縄経済の現状（低い県民所得、貧困問題）を考えると、沖縄独立を支持する・しないにかかわらず、この本をたたき台として経済自立について知恵を出し合うことは急務ではないだろうか。

最後になったが、この本では、ロック、ケインズ、アダム・スミス、リカード、ヌルクセなどの理論がとりあげられている。堅固な理論的背景のもとに、この本が構想されていることが実感できるはずだ。

（『法政大学沖縄文化研究所所報』79号、２０１６年8月）

『憲政自治と中間団体——一木喜徳郎の道義的共同体論』

稲永祐介著『憲政自治と中間団体——一木喜徳郎の道義的共同体論』(吉田書店、二〇一六年)の目的は、一木喜徳郎《いちききとくろう》の共同体論から「日本の近代国家と民衆自治の連関を明らかにすること」である。

一木喜徳郎(一八六七—一九四四)は一八八七年に法科大学を卒業、同年内務省に勤務、一八九四年から法科大学で行政法と国法学を担当した。一九〇八年以降、内務次官、文部大臣、内務大臣、宮内大臣、枢密院議長などを歴任。枢密院議長時(一九三四—三六年)、天皇機関説事件により、右翼のテロの標的になった。

丸山眞男や藤田省三は、「近代国家の構築過程において、中間団体――たとえば郷党や職人集団――を……日本のファシズム的状況をもたらした主要因」と論じた。これに対し著者は、「アメリカ、フランスの歴史社会学の方法を日本の事例に応用」し、「文化コードの問題、とりわけ信仰、道徳、倫理、感情にむすびつく習俗に着目」する。地方に介入する国家権力の性格を検討するには、民衆を自律する主体とする視座が重要だからである。（序章）

著者は、一木の法思想はドイツ国法学と報徳思想の「接合」であると分析する。報徳思想は、二宮尊徳による道徳経済一元の生活様式に関する観念体系であり、特に「推譲の徳目」が重要で、これは禁欲的な自己規律を確立し、倹約から生じた余剰を子孫や「世の中」に譲る、無償の献身的行為である。（第一章）

一木は統治権の主体は国家であり、天皇は国家の機関であると論じ、「立憲君主制の確立に貢献した」。そして、彼の憲政自治論は、「国家行政は……外部からその活動に介入するが、民衆の独立自営を侵害しないよう、国家の統制力を最小限度にとどめる統治原理」であった。（第二章）

一木は、小農保護を政策目標とした。そこには「報徳思想に由来する独立自営と協同一致の精神が共同体秩序の要点」との認識があった。また、彼の公民教育の目的は、「公共事業に奉仕する平準化された公民」の育成だった。その論理構成には「一家―村落―国家という有機的秩序」が存在し、親族、隣人、地域と協同し、「国家とも同調する」ことを期待した。（第三章）

終章「道義的共同体論の帰結」は、一木の法思想の現代的意義と「限界」を論じている。一木の「天皇機関説」は、「国家主義者」から激しく攻撃された。著者は、「軍国主義にも国家主義にも、まして神政政治にも飲み込まれない『国家の進運』の道筋を探り続け、治国安民の政治を前進させたことは、我々に一木の道義的共同体論を検討する現代的意義を示している」と結んでいる。

同書から、「立憲主義」「国家の地方への介入を最小限にとどめる統治原理」「民衆の主体性重視」といった一木法思想の「現代的意義」が読み取れよう。ファシズムの主要因にならないような中間団体構想だったといえようか。

なお、著者は一木研究を法制史と沖縄調査から整理する（序章）と記しているが、紙数の関係からか沖縄に関する記述はみられない。そこで、「一木の限界」を沖縄調査と日本の現状に引き付けて論じてみたい。

日本国は琉球国を武力で併合し、一八七九年に沖縄県を設置するが、沖縄には「本土」と異なる法制度を施行した（田里修／森謙二編『沖縄近代法の形成と展開』榕樹書林、二〇一三年）。一八九四年、一木は沖縄県の制度改正のための調査を実施。沖縄人の「民度」は低く、教育によって「内地ノ文明ニ同化」させよと主張し、民度を配慮し、漸次制度改正することを提案した。そこには沖縄人蔑視と、地方自治体は国家の下請機関であり、いかに効率よく国家行政を担わせるかという発想がある（拙稿「一木喜徳郎の自治観と沖縄調査」〈法政大学沖縄文化研究所『沖縄文化研究』26号、二〇〇〇年〉）。確かに一木は地域の「慣習」と「自治」を重視するが、この本から読み取れるように

（第二章）、それは手段であり、目的は「国家の進運」である。「本土」防衛・皇室護持の「捨て石」だった沖縄戦。戦後は米国に沖縄を差し出し、返還後も日本国の安全のために米軍基地を沖縄に押し付ける「構造的差別」。未だ、日本国・社会は一木の発想の枠内に留まっている。

また、一木は教育によって規律を内面化させ、自発的に国家に奉仕する主体を作り出そうとした（第三章）。ここには、フーコーが『監獄の誕生』で描く「規律・訓練」の悍ましさを想起させる側面がある。

さらに一木は、日本民族の「他に比類なき堅固なる団結」の要因を「万世一系の天皇」にもとめた（終章）。法的には「天皇機関説」だったかもしれないが、道徳的には天皇を団結の要としたのだ。一九八九年の新嘗祭における「総理大臣、衆参両院議長、最高裁長官」らの参列、一九九〇年の長崎市長銃撃事件、マスメディアの皇室タブー等「内なる天皇制」が温存されている現代日本（田中伸尚『天皇をめぐる物語――歴史の視座の中で』一葉社、一九九九年）。日本国・社会は、一木の思想の良質な部分から学びつつ、彼の「限界」を突破する不断の努力が必要だ。

（『図書新聞』3254号・2016年5月7日）

III　カタルーニャと琉球

カタルーニャ独立運動から考える辺野古

はじめに

本稿は、近年のカタルーニャ独立の動向から辺野古問題を考えることを目的とする。筆者はスペイン史やスペイン政治の専門家ではなく、素人の無謀な試みであるが、管見の限り、カタルーニャと沖縄を関連付けて論じた文献は見当たらない。本稿がきっかけとなり、カタルーニャと沖縄を比較・検討するような試みが増えることになれば幸いである。

一、カタルーニャ――二〇一五年九月二七日

まず、以下の新聞記事をお読みいただきたい。

スペイン北東部カタルーニャ州（州都バルセロナ）の議会選（一三五議席）が九月二七日あ

り、マス州首相らが率いる政党連合などカタルーニャの独立派が過半数を制した。公約に沿って「独立プロセス」を進めたい構えだ。……「独立」を旗印にした政党連合「ジュンツ・ペル・シ（みんなでイエス）」は六二議席（得票率三九・六％）、別の独立派で急進左翼の「人民連合党」とあわせて七二議席を得る見通しだ。投票率は七七・四％。マス氏は「独立手続きに大きな正統性を得た」と宣言した。公約では、州議会で独立の手続き開始を宣言して独自の憲法草案の作成にかかり、税・財政や防衛など「国家機構」を徐々に整えるとしていた。

（『朝日新聞』デジタル、二〇一五年九月二八日）

独立派が議会の過半数を超えたと報道されたが、独立を主張する政治連合「ジュンツ・ペル・シ」は六二議席で、過半数の六八議席に至っていない。人民連合党を含めると過半数になるが、後述するように連立する可能性は低い。得票率もジュンツ・ペル・シ約四〇％、人民連合党約八％であり、あわせても五〇％に届かず、カタルーニャ有権者の過半数が独立を支持しているとはいえない結果になった。そもそも、スコットランドの独立手続と異なり、この選挙で独立の可否を決めることを、スペイン憲法は認めていない。

スペインの憲法裁判所は一一月一一日、北東部カタルーニャ自治州の分離独立に向けた動きを阻止するためにスペイン政府が行った申し立てを受理し、同自治州の分離独立プロセスを差

し止める決定を行った。これにより、スペイン政府と同自治州の政治的な対立は一段と深まっている。

（『朝日新聞』デジタル、二〇一五年一一月一二日）

スペイン国の国会において、カタルーニャ独立を支持する動きはみられない。二〇一五年一二月のスペイン総選挙では、国民党が一二三議席、第二党の社会労働党も九〇議席にとどまった。新興政党が躍進し、二〇一四年結成のポデモスが六九議席で第三党になり、シウダダノス（二〇〇六年結成）も四〇議席を獲得した。ポデモスは、将来的な独立交渉を主張し、カタルーニャで票を伸ばしたが、その他の三党はカタルーニャ独立を支持していない。

ただし二〇一〇年代になってカタルーニャ独立の機運が盛り上がっていることは事実である。その理由として、①純粋なナショナリズム、②税制の不公平感があげられる。

①について、最近の大まかな流れは以下のようなものである。二〇〇六年、カタルーニャ議会は、新自治憲章を採択。カタルーニャを「民族」（ネーション）と規定し、カタルーニャ語を優先的に公用語とすること、財政・司法・域内行政の独立性を強化することを盛り込んだ。これらの条文に対して、二〇一〇年六月、スペイン憲法裁判所が違憲判決を言い渡す。直後の七月にバルセロナで一一〇万人の大規模デモが起こる。スローガンは「私たちはネーションだ。決めるのは

私たちだ」。各種世論調査で一九九〇年代まで三割程度だった独立支持派が、二〇一〇年代に五割超となる。二〇一二年九月一一日、カタルーニャ国民会議（民間団体）が組織した大規模デモには、一五〇万人が参加、スローガンは「ヨーロッパの新国家、カタルーニャ」（立石博高／奥野良知編著『カタルーニャを知るための50章』〈明石書店、二〇一三年〉、田澤耕『カタルーニャを知る事典』〈平凡社、二〇一三年〉参照）。

二〇一四年一一月九日、州政府が民意調査と位置づける住民投票が実施された。「1、カタルーニャが国家になるべきか」「2、その国家に独立を望むか」が問われ、投票者数約二三〇万人（有権者数五四〇万人）、1、2とも「はい」の回答が約八〇％にのぼった。二〇一五年二月二五日、憲法裁判所は、主権に関する住民投票を実施する権利は中央政府にのみあるとし、この住民投票は違憲であるとの判決を下した。

国と自治州の権限について簡単に説明する。スペインには一七の自治州が存在し、自治州議会は国の憲法改正手続きに参加することができる（憲法改正の発議権を持つ）。自治州の「基本的な制度上の規範」である自治憲章は、スペイン憲法の権威下にあり、憲法裁判所はその違憲性を判断することができる。スペイン中央政府の排他的権限は、外交、防衛、司法、市民権とスペイン国民の

基本的人権の保障などである。自治州は、自治州の制度の改正、地域的な経済政策や社会政策の促進、文化的なアイデンティティの保障について排他的権限を持つ。保健、社会保障、教育、地方統治、環境に関する政策では国と自治州が競合しているが、これらの事項について、中央政府は基本法によって原則的基準を制定することができる。また、中央政府には残余条項という規定があり、中央政府は自治州に権限が委ねられていないすべての権限を行使することができる（山田徹／柴田直子編『各国における分権改革の最新動向――日本、アメリカ、イタリア、スペイン、ドイツ、スウェーデン』公人社、二〇一二年）。

カタルーニャから独立の主張がでてくるのは、多くの州民が、自治州の権限は不十分であると認識しているからで、いわば自治州の「自己決定権」にかかわる問題である。

②に関しては、カタルーニャはスペインでもっとも豊かな自治州の一つであり、中央に収める税額は多く、戻ってくる額が収めた額より少ないという問題がある。スペインはこの差額の上限が八・五％とEU内でもっとも大きい（ドイツは四％）。カタルーニャ独立には「地域エゴ」との批判もあるが、多額の税を納めながら、アンダルシアより教育環境やインフラ整備で後れをとっているという事情がある。二〇〇八年のバブル崩壊によるスペインの経済危機は、カタルーニャ

にも波及し、従来の税収配分システムへの不満が高まった。

二、カタルーニャの基礎データ

カタルーニャの人口は七五〇万人（スペインの人口約四五〇〇万人の約一六％）、州都バルセロナは約一六〇万人の大都市である。面積は三万二〇〇〇平方キロメートル（スペインの面積は約五〇万平方キロメートルなので、その約六・四％。岩手県二つ分）。

産業は工業、観光業、農業、漁業などで、GDPはスペイン全体の一九％を占める（マドリードは一八％）。繊維産業、ブドウ、オリーブ、ナッツ、ワイン、カバ（シャンパン類似のアルコール飲料）の生産が盛んである。

主要政党は、以下のようになっている。「集中と統一（CIU）」は中道右派のカタルーニャ主義政党であるが、厳密には「カタルーニャ民主集中（CDC）」と「カタルーニャ民主連合（UDC）」の同盟である。「カタルーニャ共和主義左派（ERC）」は、左派カタルーニャ主義政党である。

二〇一五年選挙で、カタルーニャ民主集中（CDC）はカタルーニャ民主連合（UDC）と決別し、カタルーニャ共和主義左派（ERC）と「ジュンツ・ペル・シ」を結成し、カタルーニャ独立を掲げ、六二議席を獲得した。しかし、二〇一二年選挙では、両政党合わせて七一議席を獲得していたので、議席を減らしていることになる。

「人民連合党（CUP）」は、民族解放、独立、社会主義を掲げ、二〇一五年州選挙では一〇議席

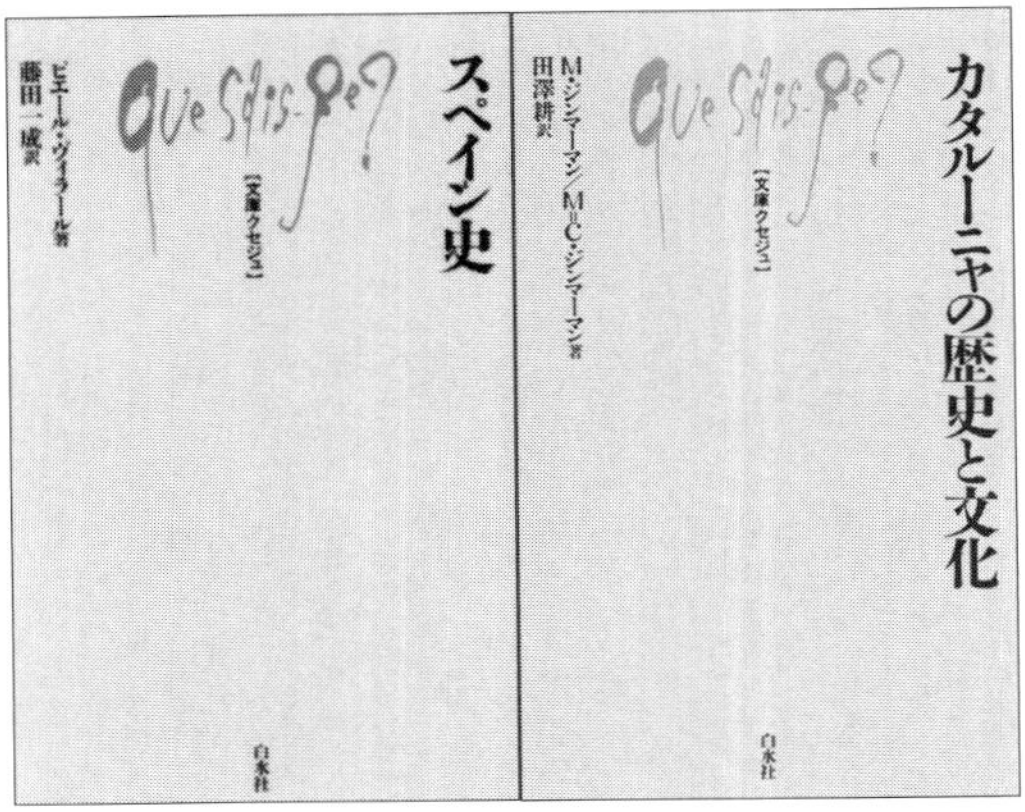

獲得した。過激な極左政党とみられており、マス州首相も人民連合党を批判している。カタルーニャ独立という同じ目標を掲げているが、ジュンツ・ペル・シと人民連合党が共闘する可能性は低いようだ。以上が明確に独立を主張している政党である。

　左派政党の「カタルーニャ社会党（ＰＳＣ）」は二〇一五年州選挙で一六議席を得た。

　「国民党カタルーニャ支部（ＰＰＣ）」は、スペイン主義政党で、独立には反対しており、二〇一五年州選挙で一一議席を得た。「市民党（シウダダノス：Ｃｓ）」は中道右派で、カタルーニャ主義に反対している。二〇一五年の州選挙で二五議席を獲得した（二〇一二年は九議席）。

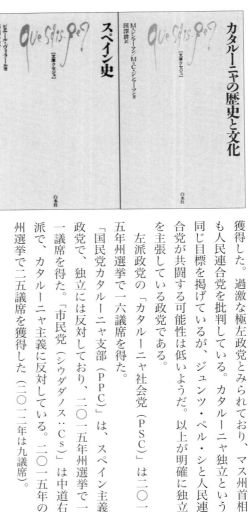

三、カタルーニャの歴史

　カタルーニャ独立運動の背景にあるナショナリズムを検討するには、歴史を知る必要がある。大まかな流れを年表風に示しておく（Ｍ・ジンマーマン／Ｍ＝Ｃ・ジンマーマン著、田澤耕訳『カタルーニャの歴史と文化』〈白水社、二〇〇六年〉、ピエール・ヴィラール、藤田一成訳『スペイン史』〈白水社、一九九二年〉、関哲行他編『世界歴史大系 スペイン史』1、2〈山川出版社、二〇〇八年〉、立石博高／関哲行他編『スペインの歴史』〈昭和堂、一九九八年〉参照）。

・先住民族は、イベロ族。紀元前七世紀頃、フェニキア人がやってくる。
・紀元前六世紀頃ギリシャ人が植民活動を開始。
・紀元前二三六年、カルタゴ人が侵入、主要な植民市をギリシャ人から奪う。
・紀元前三世紀、ローマがカルタゴを破り、二〇一年に今度はローマの支配下に。
・四一〇年、ローマ帝国崩壊後、西ゴート人が制圧。七一七年、イスラム勢力がバルセロナに侵入、アラブ支配始まる。
・八〇一年、フランク王国がバルセロナを占領。カタルーニャをヒスパニア辺境領とする。
・九八八年、バルセロナ伯家がフランク王国からの独立を宣言、建国の年とされる（フランク王国が独立を認めるのは一二五八年)。
・一一三七年、カタルーニャ・アラゴン連合王国誕生。
・一三世紀〜一五世紀、連合王国の全盛期。広く地中海に領土を広げ、中継貿易が隆盛をきわめる。
・一四世紀半ば以降、疫病や飢饉による急激な人口減少、トルコが地中海貿易の覇権奪取、さらに商業活動の中心が大西洋に移り、カタルーニャは徐々に衰退していく。
・一四七九年、カスティーリャ王国とカタルーニャ・アラゴン連合王国は実質的に一つになり、スペイン帝国誕生。ただし、それぞれの王国の枠組みは残ったので、複合王政国家、モザイク国家であり、共通のスペイン王国アイデンティティは容易に形成されなかった。
・ハプスブルク朝スペインに対し、一六四〇年、カタルーニャがブルボン朝フランスの支持を受けて反乱を起こす。一六五二年、バルセロナ陥落。スペインがカタルーニャの地方的特権を奪い、三〇年戦争の戦費調達を強化したことが反乱の背景にある。フランスは、スペインに圧力をかけ、一六五九年、ピレネー以北のカタルーニャ(ルション地方等)をフランスに編入する。
・一七一四年、スペイン継承戦争の結果、スペインにブルボン朝成立。ブルボン朝は、スペインに残る地方的特権を一掃しはじめ、同年七月、カタルーニャは反乱を起こすも、九月一一日(現在国民の祝日)にバルセロナ陥落。ブルボン朝はカタルーニャ地方政府に解散を命じ、懲罰としてカタルーニャ語の公文書への使用を禁止した。カタルーニャはスペイン支配下に置かれ、独立性を奪われた。

・一八九一年、「カタルーニャ連盟」発足。地方憲法草案を作成、自治を求める。

・一九〇〇年、地方行政の独立を掲げる「地方主義同盟」発足、翌年に「カタルーニャ連盟」と統一候補をたて、その後両者は合併し「地方主義連盟」となる。

・一九〇六年、「連盟」はその他の地方主義政党と「カタルーニャの連帯」を結成。翌年の選挙で「連帯」は四四議席中四〇議席を獲得。

・一九三一年、スペインに第二共和政が成立すると、カタルーニャは「カタルーニャ共和国」を宣言。この宣言は取下げられるが、スペイン共和国は一九三二年にカタルーニャ自治憲章を制定、共和国内の自治政府「カタルーニャ州政府」を認めた。

・一九三四年、カタルーニャはスペインからの独立を宣言するが、フランコ将軍による国民党の反乱が始まり、スペイン内戦に入る。一九三九年、バルセロナ陥落。スペインはフランコ独裁時代に。カタルーニャ自治政府解散、自治憲章廃止。以降、文化的多様性が否定され、カタルーニャ語は公的な場での使用を禁じられる（カスティーリャ語の強制）。地名もスペイン化される（カタルーニャ広場はスペイン国軍広場に）。人名もスペイン風に改名させられた（ジョゼップ→ホセなど）。民族舞踏サルダナ、民族芸能「人間の塔」も禁止される。

・一九七五年、フランコ将軍死去。カタルーニャ民主連帯党が結成される（のちに「カタルーニャ民主的統一党」と合併し「連帯と統一党」に）。

・一九七七年九月一一日、「カタルーニャの日」に、自治を求める一〇〇万人を超えるデモが開催される。スペイン政府はカタルーニャに自治政府を認める。

カタルーニャの歴史を概観すると、まず、九八八年の建国、一一三七年のカタルーニャ・アラゴン連合王国の成立、一四七九年のカスティーリャとの統一国家形成（スペイン国）が、大きな画期であることがわかる。当時、カスティーリャ国の面積は約三九万平方キロ、人口四〇〇万人だったのに対し、カタルーニャ・アラゴン連合王国は面積一一万平方キロ、人口八五万人だった。形としてはそれぞれの王国の枠組みは残り、複合王政国家という性格の「スペイン帝国」であったが、両者の力関係は圧倒的にカスティーリャ優位である。その後、スペインの中央集権化が進み、カタルーニャの権限と領土は削減されていく。

かかる経緯は一六〇九年、薩摩侵攻により奄美が薩摩領となり、薩摩に租税を納めさせられ、貿易等を管理された琉球国と類似している。確かに「琉球国」という「枠組み」は残るが、実質的には薩摩の属国のような地位に置かれたといえよう。

次の画期は、一七一四年、スペイン継承戦争によってカタルーニャ・アラゴン連合王国が消滅し、スペイン国に併合され、カタルーニャの独立性が失われたことである。これは一八七九年、沖縄県の設置により琉球国が消滅したことと類似する。

以上、「スペインによる併合→中央集権化（自治権の削減）→中央政府への抵抗」という歴史がカタルーニャナショナリズムを形成してきたとまとめることができよう。沖縄においても、かつて主権国家だったこと、日本国に併合され、差別的扱いを受けていること（とりわけ沖縄戦、米軍基地）が琉球ナショナリズムの背景となっていると考えられる。翁長雄志知事の「イデオロギーよりアイデンティティ」というスローガンが、沖縄で大きく広がったが、自治、人権を死守するには「沖縄としてのまとまり」が有効であることを示している（「まとまり」には、「琉球独立」「沖縄の自己決定権」「琉球自治州」など様々なバリエーションがありえる）。

なお、カタルーニャナショナリズムに対して、『カタルーニャを知るための50章』において奥野良知から以下のような指摘がある（琉球ナショナリズムを考えるうえで参考になると思われる）。まず、中世には近代的な意味での「ネーション」は存在していなかった。また、中世カタルーニャのナショナル・アイデンティティは、建国神話の形をとって特権的社会集団（領主貴族）が、農民に対して支配の正統性を主張するという特徴をもっていた。さらに、カタルーニャがスペインの一部になって以降、独自の政治体制が認められている限り、スペインから独立しようとしなかったことも事実である。近年の課題として、カタルーニャ語を初等中等教育の教育言語とする政策は、カタルーニャ語を母語としない子供に対する押し付けであり、マイノリティ抑圧だとの意見もある（カタルーニャにはスペインの他地域から来た多数の国内系移民世帯や外国籍世帯がある）。

特に、中世国家と近代国民国家との相違については、琉球国の性格を考えるうえでも重要な論点となろう。東アジアにおける中華世界秩序下の国家と、近代国際法を法的枠組みとする現代国家との比較は今後の課題としたい。

四、カタルーニャ独立運動から辺野古を考える

スペインの国政レベルでカタルーニャ独立を支持する政党はない。司法も立法も独立を否定している。そこで、マス州首相は、ＥＵと直接交渉する動きを見せているという。ただし、スペイン政府は、カタルーニャが独立したらＥＵには決して入れないとの立場だ。今後の経緯に注目したい。

沖縄では、辺野古新基地建設反対という方針については県内の選挙で過半数を獲得している。しかし、日本国の国政レベルでは否定されている。ましてや米軍基地全面撤去を主張しても、実現する可能性は低い。

かかる事態を克服するために、「琉球独立」という選択肢が登場するものと思われるが、カタルーニャ同様、日本国の立法も司法も琉球独立を認めないであろう。そうなると、沖縄の米軍基地は固定化されることになる。堂々巡りというか八方ふさがりで、既存の基地撤去どころか辺野古新基地建設さえ阻止することが困難な状況だ。そこで、カタルーニャ州政府とＥＵの直接交渉のように、国際社会に訴えるという選択肢が考えられる。

松島泰勝は『琉球独立宣言――実現可能な五つの方法』（講談社、二〇一五年）において、「独立

の根拠となる国際法」として、国連憲章、国際人権規約、植民地独立付与宣言、条約法に関するウィーン条約、大西洋憲章、サンフランシスコ講和条約、沖縄返還協定などを取り上げて検討している。そして、一九六〇年の植民地独立付与宣言以降、実際に独立した国々を紹介している。

手続的には住民投票が重要な要素となるようである。つまり、沖縄県議会の過半数を独立支持政党の議員が占め、県知事も独立を主張し、手続きを進めていく必要がある。現在、そのような状況にあるとは思われないが、カタルーニャの人たちは自治あるいは独立を目指して、幾多の弾圧を受けながら何百年も活動し続け、少なくとも自治権の拡大を実現している。

なお、カタルーニャと沖縄の違いとして、経済の規模があげられる。経済的に豊かなカタルーニャと違い、沖縄は日本国から独立して、やっていけるのかという課題はより深刻である。最近、屋嘉宗彦は『沖縄自立の経済学』(七つ森書館、二〇一六年)を上梓し、沖縄経済自立のための具体案を提示している。その際、ただ単に収益が上がればいいというのではなく、「自給」を目指し(日本国への依存を徐々に減らしていく)、沖縄住民の中での就労、教育、所得等の格差を最小限にとどめる方向性を主張している。これには沖縄内の地域間格差の是正も含まれよう。屋嘉は数十年のスパンで構想していると思われるが、妥当な方向性である。短

期間での経済発展を目指すとすれば、それこそ軍事基地や原発の誘致のように著しい環境悪化や人権侵害をもたらす方策や地域間、個人間の格差を増大させるものとなろう。

翁長知事は二〇一五年九月二一日、国連人権理事会で「私たちは自己決定権や人権を、ないがしろにされています」と演説した。また、辺野古埋め立てに反対する人たちが座り込みやカヌーで抗議活動を続けている。さしあたって、辺野古埋め立てを阻止するためにあらゆる活動が続けられることになろうが、長期的に経済自立を進め、経済的にも安心できるようにしていくことが基地問題解決につながるものと思われる。

（『うるまネシア』21号・２０１６年7月）

スペインにおけるカタルーニャ自治州の独立性

――言語回復政策を中心に

はじめに

筆者は先ごろ、カタルーニャ独立運動の動向とその歴史的背景を紹介する「カタルーニャ独立運動から考える辺野古」を執筆した（『うるまネシア』21号、本書前稿）。その際、自治州の権限については十分展開できなかったので、本稿で紹介したい。具体例として興味深いのは、言語正常化法である。同法（およびこれを継承した言語政策法）を通じて、失われつつあったカタルーニャ語をどのように復活させようとしているのか見ていく。

なお、近年沖縄では、独立、自立、自己決定権、自治などの議論が盛んである。例えば、琉球自治州の会は、「琉球自治州は、日本国憲法第九五条に準拠し、国会で『琉球自治州基本法』を制定することにより、運用される」との前文からはじまる「琉球自治州の骨格」を公表している（琉球自治州の会『琉球自治州の構想――自立をめざして』那覇出版社、二〇〇五年）。これはカタルーニャ自

治州が辿ってきた自治権獲得の過程と似通った構想であると思われる。いかなる独立、自立を構想するにせよ、他の地域の例を参照することは無駄ではないだろう。

一、スペイン国における自治州の法的地位

一九七八年制定のスペイン憲法は、第二条において「諸民族および諸地域の自治権」を保障し、諸県が自発的に自治州を組織することを認めている（つまり自治州の創設は義務ではなく権利である）。自治州を創設するには、自治憲章がスペイン国会において承認されることを要する。現在、スペイン国には一七の自治州が存在する（さらに五〇の県と八〇〇〇以上の基礎自治体がある）。自治州には国家類似の制度が与えられている。立法府として自治州議会が設置され、自治州行政府が創設され、自治州首相府、諸省が置かれている。

憲法上の国の排他的権限は、すべてのスペイン人の平等に関する基礎的条件、司法、国際関係、国防、無線通信、検疫などである。自治政府の機関、地域整備、自治州内交通、文化的なアイデンティティの保障などは、自治州の権限とすることができる。保健、教育、社会保障、地方統治や環境の権限については、国と自治州が競合している。これらの事項については、中央政府は基本法によって原則的基準を制定することができる。また、残余条項という規定があり、中央政府は自治憲章で自治州に権限が委ねられていないすべての権限を行使することができる（山田徹／柴田直子編『各国における分権改革の最新動向――日本、アメリカ、イタリア、スペイン、ドイツ、スウェーデン』〈公人社、二〇一二年〉、日本スペイン法研究会他編『現代スペイン法入門』〈嵯峨野書院、二〇一〇年〉参照）。

スペインの国会には下院と上院があるが、下院議員は各県を選挙区として比例代表によって選出される。上院議員は、県と自治州を組み合わせて選出される。つまり各県ごとに四人を選出し、自治州から上院議員一名と人口一〇〇万人につき一名の議員が追加される。自治州代表の上院議員は自治州の議会が選任することになっている。

また、自治州議会は憲法改正を発議する権限を持つ。

司法権は中央政府の管轄であり、自治州は、自治州の政治制度の合憲性について諮問を受ける「諮問審議会」という機関を持つに過ぎない。

国と自治州の間で権限の配分をめぐる争いが生じた場合、憲法裁判所の判断を仰ぐことになる。憲法裁判所の判事一二名のうち、四人は上院が任命するが、その際二人を州議会が推薦するという形で、自治州も関与できる。残りは四人が下院、二人が内閣、二人が司法総評議会から任命される（曽我部真裕／田近肇編『憲法裁判所の比較研究――フランス・イタリア・スペイン・ベルギーの憲法裁判』信山社、二〇一六年）。

二、カタルーニャ自治州の特徴

一七の自治州のうち、カタルーニャ、ガリシア、アンダルシア、ナヴァーラの五自治州は、憲法体制確立の初期に「特別な自治憲章」を採択しているが、それは五自治州が、特有の文化、社会そして政治的な性格をもっているからである。すなわち、他の地域より独自性が高い地域だったということだ。これらの自治州は、ナヴァーラを除いて、自治憲章制定の際に、自治州議会とスペイン国会の承認のほかに自治州の住民投票を実施している。そして五自治州の自治憲章には、他の州の自治憲章より大きな権限が付与されていた。

カタルーニャについていえば、九八八年の建国、一一三七年のカタルーニャ・アラゴン連合王国の成立という歴史がある。一四七九年、カスティーリャと統一国家（スペイン帝国）を形成するが、「連合王国」の枠組みは残った。一七一四年、スペイン継承戦争によってカタルーニャ・アラゴン連合王国が消滅し、スペイン国に併合される。地方特別法、諸特権は廃止され、スペイン国は政治的・法的統一を達成する。カタルーニャ語は教育や公の場での使用を禁止され、カスティーリャ語（スペイン語）が強制された。以降、カタルーニャの「自治機関」を持つことが、住民の悲願となり、今日に至っている。

一九三二年、「カタルーニャ自治憲章」がスペイン国会で承認され、第一条で「カタルーニャはスペイン国家内の自治地域」とされ、第二条で「カタルーニャ語は、カスティーリャ語と並んでカタルーニャの公用語」とされた。しかし、一九三九年からスペインはフランコ独裁政権に支配され、強力な中央集権化が進み、カタルーニャの自治権は消滅。カタルーニャ語は公的な場や学校教育での使用を禁止され、伝統的文化は抑圧される。

一九七五年にフランコが死去すると、スペイン全土で民主化、分権化の動きが活発化する。自治州の創設もこの流れにあるわけだが、カタルーニャ自治州が他の自治州より大きな権限を付与された背景には、カスティーリャとは異なる独自の歴史、文化、言語があった。

前述のスペイン憲法第二条に基づき、一九七九年、カタルーニャ自治州は自治憲章を制定し、スペイン国会はこれを承認した。自治憲章第一条は「カタルーニャは民族体として自治に近づくために、憲法と自治憲章に基づいて自治州を形成する」と規定する。自治州政府の権限は、スペイン憲法と自治憲章と州民の三者に拠るものとされた。

スペイン憲法は、第三条一項で、すべてのスペイン人はカスティーリャ語を知る義務を負い、使用する権利を持つと規定し、同条二項で「その他のスペインの言語もまた、各自治州において、その自治憲章に従い、公用言語とされる」と規定する。カタルーニャ自治州は、カタルーニャ語を固有言語および公用言語とした。

しかし、四〇年近いカタルーニャ語の禁止は、カタルーニャ語の読み書きができない住民を多数生み出した。かかる事態に対処するため、一九八三年に言語正常化法を制定している。次に、カタルーニャ語復活の動向をみていくことにしよう。

三、カタルーニャ語回復政策

言語正常化法の前文には「カタルーニャ形成の基本要素であったカタルーニャ語は、コミュニケーションの自然な手段として、歴史に深く根ざした文化的統一性の表現や象徴として、つねに固有言語であり続けた。……地理的出自にはいっさいかかわりなく、カタルーニャの市民たちが、わたしたちの平和な共生に、無条件で参加するのを助ける統合手段として、多くの場合に役に立ってきた」と記されている。

そして、カタルーニャ語が衰退の危機にあることを示し、衰退の要因として、カタルーニャ語が公用語の地位を失い、学校教育から排除され、カスティーリャ語話者がカタルーニャに大勢定住し、カスティーリャ語によるマスメディアが出現したことをあげている。

スペイン憲法裁判所は、自治州が固有言語の公用性を宣言し、言語正常化の権限を持つことを認めており、言語に関する権限は、自治州に帰属すると解されている。カタルーニャ自治州は言語正常化法制定以降、教育言語をカタルーニャ語にするなど「カタルーニャ語漬け」政策を進めてきた。

「固有言語」の概念については、二〇〇六年のカタルーニャ新自治憲章において「行政およびカタルーニャの公的メディアにおける通常的で優先的な使用言語であり、同様に、教育における伝達手段としてまた学習用として通常使用される言語」と規定された。

カタルーニャ自治州は、固有言語たるカタルーニャ語を公用言語にしたので、カスティーリャ語（スペイン憲法がカスティーリャ語を国家の公用言語と定めているため）とカタルーニャ語が公用言語として併存している（二重公用性）。二つの言語は、制度上は平等であるが、公用性の効果が国家全体におよぶか、自治州に限定されるかという違いがある。これが最大の問題点で、二重公用性は「カスティーリャ語以外の言語に対して、実質的な平等を保障しない」と指摘されている（中嶋茂雄『少数言語の視点から――カタルーニャ語を軸に』現代書館、二〇〇八年）。

二〇〇一年の調査によると、二歳以上の全人口のうち、カタルーニャ語を聞いて理解できる者は約九四パーセント、話すことができる者約七五パーセント、読むことができる者約七五パーセント、書くことができる者約四九パーセントとなっており、とりわけ「書くことができる者は一九八六年の約三二パーセントから大きく上昇している（「理解できる者」は一九八六年時点で九〇パーセントを超えており、それほど変わっていない）。

学校教育では、公立学校のほぼすべてでカタルーニャ語が用いられている。

新聞では、カタルーニャ語の記事は少ない。ただし、一九九八年に『エル・ペリオディコ・デ・カタルーニャ』紙が、カタルーニャ語版を始めてから、部数を伸ばした。

テレビは、TV3とK3がカタルーニャ語の公共放送となっており、高い人気がある。『ドラゴンボール』や『クレヨンしんちゃん』などのアニメーション番組をカタルーニャ語に吹き替え、子供たちに言葉を覚えさせようという試みがなされている。ラジオもカタルーニャ語で放送する局が多数存在する。

公共交通機関では、カタルーニャ公営鉄道、バルセロナ交通局の地下鉄はカタルーニャ語でアナウンスしている。バスはすべてカタルーニャ語でアナウンスしている。その他、道路案内標識や市民向け広報誌もカタルーニャ語が優先されている。

「行き過ぎ」との批判もあるが、カタルーニャがカスティーリャ語の圧倒的な影響下にあることも事実であり、「行き過ぎ」るくらいのカタルーニャ語の氾濫でも足りないくらいとの指摘もある（立石博高／奥野良知編著『カタルーニャを知るための50章』明石書店、二〇一三年）。

なお、二〇〇六年、「オック語」がカタルーニャ自治州の公用言語に追加された。「オック語」は、ピレネー山脈の北側に位置するマルカ郡の「方言」であり、郡の人口はおよそ一万人である。公用言語となったことで、バルセロナの役所でもオック語に対応しなければならなくなった。

おわりに

カタルーニャ自治州は、スペイン憲法の枠内で大きな自治権を獲得している（上限といえようか）。言語政策はその一例であろう。

しかしながら、二〇〇六年、カタルーニャ自治州がさらなる自治権の拡大を目指して新自治憲章を制定したところ、二〇一〇年、スペイン国の憲法裁判所はこれを否定した。すなわち、前文でカタルーニャを「ネーション（民族）」と規定し、財政、司法、域内行政などの独立性を強化する条文を盛り込んだところ、一四の条項が違憲とされたのである。憲法裁判所は、「ネーション」は単なる宣言であり、法的有効性はもたないと判断した。言語に関しては、新自治憲章はすべてのカタルーニャ住民にカタルーニャ語を知る「義務」を課すこととしたが、憲法裁判所はこの義務を教育システムと公務員に限定する判決を下した。この違憲判決は、二〇一〇年以降のカタルーニャ独立運動の加速化要因の一つとなった（カタルーニャナショナリズムを燃え上がらせたといっていいだろう）。

琉球独立を考察する際にも、言語の諸問題は避けて通れないのではないか。衰退しつつある琉球語をどのようにして回復するのか。島や地域によって著しく異なる諸言語をどのように整理し、公用語を定めるのか。カタルーニャの経験から学べることは少なくないだろう。

（『月刊　琉球』２０１６年６月号）

あとがき

本書の編集作業中、「辺野古違法確認訴訟」の判決が下され、沖縄県は敗訴した（二〇一六年九月一六日）。相変わらず日本国は国をあげて沖縄住民に対する人権侵害にまい進している。福岡高裁那覇支部は県からの八名の証人申請を全て却下した。まともな証拠調べもせず、裁判官の脳内妄想だけで沖縄の地理的優位性、軍事的状況（世界情勢）、辺野古が唯一の解決策であるといった国の主張を正当化した。高裁の判断は沖縄差別である。埋め立ては本来、地域の安全や環境を配慮して承認するかどうか決めるべき事項なのに、国防・外交を強調し日本国による辺野古新基地建設強行を正当化した。日本国の安全のために、法を無視してでも沖縄住民は犠牲になれといっているに等しい。これに抗議しなければ、私たちも日本国の沖縄差別に加担することになる（詳しくは本書120ページ「『辺野古違法確認訴訟』高裁判決の問題点」を参照されたい）。こんな判決が出るようでは、本書の主張及び本書で紹介した文献は、残念ながら、まだ日本社会に伝え続けなければならないようだ。

マスメディアが沖縄の歴史と現状を当たり前に報道し、日本社会が沖縄差別をやめていたなら、筆者が本書を出版することはなかった。本音を言えば、筆者はこのような本を出すのに時間を取られるよりは、泡盛でも飲んで三線の練習などしていたいのである。あるいは、こういう書物を書く時間があるなら、沖縄の歴史、民俗、言語などを「純粋学問」として研究したいのである。早くそういう日が来てほしいものだ。

本書の出版は、一葉社の和田悌二さん、大道万里子さんの尽力によって実現した。筆者は東京駒込のイベントスペース、東京琉球館での「一葉社トーク」を拝聴したことがきっかけで、お二人と知り合うことができた。筆者は井之川巨の『偏向する勁さ』『詩があった！』を愛読しており、これらを出版した一葉社の方と知り合えて感激した。井之川巨が紹介する戦前の反戦詩や戦後の労働文化運動の詩にどれだけ励まされ、救われたことだろう。お二人に自己紹介代わりに拙論をいくつかお渡ししたところ、「書評の形をとっていない論考もすべて本の紹介」という筆者の意図を「看破」され、このような本を作ることを提案していただいた。この場を借りて感謝申し上げます。

なお、東京琉球館では他にも様々な方たちと知り合うことになり、筆者の視野は広がった。ミュージシャンの宮城善光さん、一坪反戦地主会の大仲尊さん、アジア記者クラブの森広泰平さん、沖縄国際大学の友知政樹さん、著述家の比嘉克博さん、石川逸子さん、梅崎晴光さん、太田昌国さん、三線の師匠太田武二さん、二一世紀同人会の本村紀夫さん、ライブバー・ブンガの経営者兼ミュージシャンのプーカングヮンさん、その他大勢……。これらの方々との交流の中でさらにいろいろな人たちと知り合うことができ、貴重なお話を聞かせていただいた。本書所収の論考を作成するにあたって、大きな影響を受けたと思っています（どれだけ反映できたかはともかく）。とりわけ、琉球独立について考えることは様々な角度から日本国の問題点を浮き彫りにすることだと認識できたように思う。みなさんに感謝します。良き交流の場を提供し続け、筆者にもトークの機会を作ってくださった東京琉球館（私設琉球国大使館）の島袋マカト陽子さん（意見はしょっちゅう衝突するけど）に感謝申し上げます。

法政大学沖縄文化研究所には院生のころからお世話になっている。特にここ数年、研究所主催の総合講座「沖縄を考える」で講演をさせていただき、その準備のために勉強したことが執筆のきっかけになることが多々あった。歴代の研究所所長、スタッフのみなさん、研究所を通じて知り合ったみなさんに感謝申し上げます。

最後になりましたが、御尊父大嶺政敏画伯の作品をカバー・本扉と表紙に使うことを快諾してくださり、解説まで快く引き受けてくださった大嶺隆さんに厚く御礼申し上げます。

２０１６年11月

宮平真弥

参考書籍一覧

明田川融『沖縄基地問題の歴史――非武の島、戦の島』みすず書房、二〇〇八年
浅野豊美／松田利彦編『植民地帝国日本の法的構造』信山社、二〇〇四年
芦部信喜『憲法 第五版』岩波書店、二〇一一年
島袋純／阿部浩己編『日本の安全保障4 沖縄が問う日本の安全保障』岩波書店、二〇一五年
雨宮昭一『戦後の越え方――歴史・地域・政治・思考』日本経済評論社、二〇一三年
新崎盛暉『新崎盛暉が説く 構造的沖縄差別』高文研、二〇一二年
新崎盛暉『沖縄現代史 新版』岩波書店、二〇〇五年
新里金福『沖縄から天皇制を撃つ』新泉社、一九八七年
新城俊昭『教養講座 琉球・沖縄史』編集工房東洋企画、二〇一四年
アレン・ネルソン『戦場で心が壊れて――元海兵隊員の証言』新日本出版社、二〇〇六年
伊佐眞一『沖縄と日本の間で――伊波普猷・帝大卒論への道 中巻』琉球新報社、二〇一六年
石川一三夫／中尾敏充／矢野達雄編『日本近代法制史研究の現状と課題』弘文堂、二〇〇三年
稲永祐介『憲政自治と中間団体――一木喜徳郎の道義的共同体論』吉田書店、二〇一六年
今田真人『緊急出版 吉田証言は生きている』共栄書房、二〇一五年
上野千鶴子『女ぎらい――ニッポンのミソジニー』紀伊國屋書店、二〇一〇年
植村秀樹『暮らして見た普天間――沖縄米軍基地問題を考える』吉田書店、二〇一五年
浦田賢治編著『沖縄米軍基地法の現在』一粒社、二〇〇〇年
榎澤幸広他編著『これでいいのか！日本の民主主義――失言・名言から読み解く憲法』現代人文社、二〇一六年
M・ジンマーマン／M＝C・ジンマーマン『カタルーニャの歴史と文化』白水社、二〇〇六年

演劇「人類館」上演を実現させたい会編著『人類館・封印された扉』アットワークス、二〇〇五年
大城常夫／高良倉吉／真栄城守定『沖縄イニシアティブ――沖縄発・知的戦略』ひるぎ社、二〇〇〇年
大田昌秀『大田昌秀が説く 沖縄戦の深層』高文研、二〇一四年
大田昌秀／新川明／稲嶺惠一／新崎盛暉『沖縄の自立と日本――「復帰」40年の問いかけ』岩波書店、二〇一三年
大山朝常『沖縄独立宣言――ヤマトは帰るべき「祖国」ではなかった』現代書林、一九九七年
岡野八代『戦争に抗する――ケアの倫理と平和の構想』岩波書店、二〇一五年
沖縄米軍基地問題検証プロジェクト『それってどうなの？ 沖縄の基地の話。』二〇一六年
『沖縄県史 各論編5 近代』沖縄県教育委員会、二〇一一年
沖縄国際大学公開講座委員会編『基地をめぐる法と政治』編集工房東洋企画、二〇〇六年
沖縄人権協会編著『戦後沖縄の人権史――沖縄人権協会半世紀の歩み』高文研、二〇一二年
沖縄探見社編『沖縄戦の「狂気」をたどる』沖縄探見社、二〇一二年
沖縄問題編集委員会編『代理署名訴訟 最高裁上告棄却――代理署名訴訟上告審と沖縄県民投票の審判』リム出版新社、一九九七年
小熊英二『日本という国〈増補改訂〉』イースト・プレス、二〇一一年
ガバン・マコーマック＋乗松聡子『沖縄の〈怒〉――日米への抵抗』法律文化社、二〇一三年
ガバン・マコーマック『属国――米国の抱擁とアジアでの孤立』凱風社、二〇〇八年
紙野健二／本田滝夫編著『辺野古訴訟と法治主義――行政法学からの検証』日本評論社、二〇一六年
川口由彦『日本近代法制史 第2版』新世社、二〇一五年
カン・ジェスク文、イ・ダム絵『終わらない冬――日本軍「慰安婦」被害者のはなし』日本機関紙出版センター、二〇一五年
菊山正明『明治国家の形成と司法制度』御茶の水書房、一九九三年

ジェーン（キャサリン・ジェーン・フィッシャー）『自由の扉――今日から思いっきり生きていこう』御茶の水書房、二〇〇九年
キャサリン・ジェーン・フィッシャー『涙のあとは乾く』講談社、二〇一五年
國森康弘『証言 沖縄戦の日本兵――六〇年の沈黙を超えて』岩波書店、二〇〇八年
越田稜編著『アジアの教科書に書かれた日本の戦争 東南アジア編〈増補版〉』梨の木舎、一九九五年
後藤乾一『近代日本の「南進」と沖縄』岩波書店、二〇一五年
C・ダグラス・ラミス『ガンジーの危険な平和憲法案』集英社、二〇〇九年
C・ダグラス・ラミス『なぜアメリカはこんなに戦争をするのか』晶文社、二〇〇三年
C・ダグラス・ラミス『要石：沖縄と憲法9条』晶文社、二〇一〇年
後田多敦『琉球の国家祭祀制度――その変容・解体過程』出版舎Mugen、二〇〇九年
『週刊金曜日』／成澤宗男編著『日本会議と神社本庁』金曜日、二〇一六年
ジョン・W・ダワー／ガバン・マコーマック『転換期の日本へ――「パックス・アメリカーナ」か「パックス・アジア」か』NHK出版、二〇一四年
白井聡『戦後政治を終わらせる――永続敗戦の、その先へ』NHK出版、二〇一六年
『新琉球史 近代・現代編』琉球新報社、一九九二年
関哲行他編『世界歴史大系 スペイン史』〈1〉〈2〉山川出版社、二〇〇八年
「戦争と女性への暴力」リサーチ・アクション・センター編『日本人「慰安婦」――愛国心と人身売買と』現代書館、二〇一五年
曽我部真裕／田近肇編『憲法裁判所の比較研究――フランス・イタリア・スペイン・ベルギーの憲法裁判』信山社、二〇一六年
高里鈴代『沖縄の女たち――女性の人権と基地・軍隊』明石書店、一九九六年

高橋哲哉『沖縄の米軍基地――「県外移設」を考える』集英社、二〇一五年
高良沙哉『「慰安婦」問題と戦時性暴力――軍隊による性暴力の責任を問う』法律文化社、二〇一五年
田里修／森謙二編『沖縄近代法の形成と展開』榕樹書林、二〇一三年
田澤耕『カタルーニャを知る事典』平凡社、二〇一三年
立石博高／奥野良知編著『カタルーニャを知るための50章』明石書店、二〇一三年
立石博高／関哲行他編『スペインの歴史』昭和堂、一九九八年
田中伸尚『天皇をめぐる物語――歴史の視座の中で』一葉社、一九九九年
俵義文／横田一／魚住昭／佐高信『安倍晋三の本性』金曜日、二〇〇六年
俵儀文『日本会議の全貌――知られざる巨大組織の実態』花伝社、二〇一六年
チャルマーズ・ジョンソン『アメリカ帝国への報復』集英社、二〇〇〇年
豊見山和行編『日本の時代史18 琉球・沖縄史の世界』吉川弘文館、二〇〇三年
豊下楢彦『昭和天皇・マッカーサー会見』岩波書店、二〇〇八年
豊下楢彦『「尖閣問題」とは何か』岩波書店、二〇一二年
中嶋茂雄『少数言語の視点から――カタルーニャ語を軸に』現代書館、二〇〇八年
仲宗根勇『沖縄差別と闘う――悠久の自立を求めて』未來社、二〇一四年
仲宗根勇『聞け！ オキナワの声――闘争現場に立つ元裁判官が辺野古新基地と憲法クーデターを斬る』未來社、二〇一五年
那覇市総務部女性室那覇女性史編集委員会『なは・女のあしあと――那覇女性史（近代編）』ドメス出版、一九九八年
新原昭治『日米「密約」外交と人民のたたかい――米解禁文書から見る安保体制の裏側』新日本出版社、二〇一一年

日本スペイン法研究会他編『現代スペイン法入門』嵯峨野書院、二〇一〇年
林博史『沖縄戦が問うもの』大月書店、二〇一〇年
林博史編『地域の中の軍隊6 大陸・南方膨張の拠点：九州・沖縄』吉川弘文館、二〇一四年
林博史『暴力と差別としての米軍基地』かもがわ出版、二〇一四年
ピエール・ヴィラール『スペイン史』白水社、一九九二年
東アジア共同体研究所編『習近平体制の真相に迫る』花伝社、二〇一六年
樋口直人『日本型排外主義――在特会・外国人参政権・東アジア地政学』名古屋大学出版会、二〇一四年
平井康嗣／野中大樹『国防政策が生んだ沖縄基地マフィア』七つ森書館、二〇一五年
平塚篤編『續伊藤博文秘録』春秋社、一九三〇年
比嘉克博『琉球のアイデンティティ――その史的展開と現在の位相』琉球館、二〇一五年
福地曠昭『オキナワ戦の女たち――朝鮮人従軍慰安婦』海風社、一九九二年
藤原彰／雨宮昭一編『現代史と「国家秘密法」』未來社、一九八五年
布施祐仁『日米密約 裁かれない米兵犯罪』岩波書店、二〇一〇年
本多滝夫他『Q＆A 辺野古から問う日本の地方自治』自治体研究社、二〇一六年
前泊博盛編著『本当は憲法より大切な「日米地位協定入門」』創元社、二〇一三年
前泊博盛『もっと知りたい！本当の沖縄』岩波書店、二〇〇八年
松島泰勝『琉球独立宣言――実現可能な五つの方法』講談社、二〇一五年
三木健『八重山近代民衆史』三一書房、一九八〇年
ミシェル・フーコー『監獄の誕生――監視と処罰』新潮社、一九七七年
水林彪『天皇制史論――本質・起源・展開』岩波書店、二〇〇六年
宮城康博／屋良朝博『普天間を封鎖した4日間』高文研、二〇一二年

宮里政玄編『戦後沖縄の政治と法――1945–72年』東京大学出版会、一九七五年
森口豁『だれも沖縄を知らない――27の島の物語』筑摩書房、二〇〇五年
師岡康子『ヘイト・スピーチとは何か』岩波書店、二〇一三年
屋嘉宗彦『沖縄自立の経済学』七つ森書館、二〇一六年
安田浩一『沖縄の新聞は本当に「偏向」しているのか』朝日新聞出版、二〇一六年
山田徹／柴田直子編『各国における分権改革の最新動向――日本、アメリカ、イタリア、スペイン、ドイツ、スウェーデン』公人社、二〇一二年
山中永之佑／藤原明久／中尾敏充／伊藤孝夫編『日本現代法史論――近代から現代へ』法律文化社、二〇一〇年
屋良朝博『誤解だらけの沖縄・米軍基地』旬報社、二〇一二年
吉田敏浩『沖縄――日本で最も戦場に近い場所』毎日新聞社、二〇一二年
吉田敏浩『密約――日米地位協定と米兵犯罪』毎日新聞社、二〇一〇年
吉見義明／林博史編著『共同研究 日本軍慰安婦』大月書店、一九九五年
吉見義明編『従軍慰安婦資料集』大月書店、一九九二年
琉球自治州の会『琉球自治州の構想――自立をめざして』那覇出版社、二〇〇五年
琉球新報社／新垣毅編著『沖縄の自己決定権――その歴史的根拠と近未来の展望』高文研、二〇一五年
琉球新報社編『新南嶋探験――笹森儀助と沖縄百年』琉球新報社、一九九九年
琉球新報社編『日米地位協定の考え方――外務省機密文書』琉球新報社、二〇〇四年
渡辺洋三他編『現代日本法史』岩波書店、一九七六年

参考文献一覧

赤嶺守「王国の消滅と沖縄の近代」（豊見山和行編『琉球・沖縄史の世界』吉川弘文館、二〇〇三年）
阿部浩己「人権の国際的保障が変える沖縄」（島袋純／阿部浩己編『日本の安全保障４ 沖縄が問う日本の安全保障』岩波書店、二〇一五年）
石原昌家「沖縄戦の諸相とその背景」（『新琉球史 近代・現代編』琉球新報社、一九九二年）
今田真人「朝鮮人女性『年間1万人』強制連行の動かぬ証拠」（『週刊金曜日』二〇一五年一二月一一日号）
浦崎成子「日本軍『慰安婦』に関わる法律・諸規則」（『うるまネシア』16号、Ｒｙｕｋｙｕ企画、二〇一三年）
小沢隆司「琉球列島米国民政府裁判所の陪審制度」（浦田賢治編著『沖縄米軍基地法の現在』一粒社、二〇〇〇年）
垣花豊順「米国の沖縄統治に関する基本法の変遷とその特質」（宮里政玄編『戦後沖縄の政治と法――１９４５－７２年』東京大学出版会、一九七五年）
我部政男「沖縄戦争時期のスパイ（防諜・間諜）論議と軍機保護法」（法政大学沖縄文化研究所『沖縄文化研究』42号、二〇一五年）
我部政男「軍機保護法とスパイ（防諜・間諜）論議」（山梨学院大学『法学論叢』75号、二〇一五年）
菊山正明「沖縄統治機構の創設」（『新琉球史 近代・現代編』）
金昌禄「韓日請求権協定」（『歴史評論』７８８号、二〇一五年）
久志芙沙子「滅びゆく琉球女の手記」（『婦人公論』一九三二年六月号、『沖縄文学全集 小説Ⅰ』〈国書刊行会、一九九三年〉所収）
幸地成憲「米国の統治政策と労働立法・労働政策」（宮里政玄編『戦後沖縄の政治と法――１９４５－７２年』）
小西由浩「刑事法から見る『日米地位協定』」（沖縄国際大学公開講座委員会編『基地をめぐる法と政治』編集工房東洋企画、二〇〇六年）

後田多敦「安倍談話の意味」（『月刊 琉球』二〇一五年九月号、Ｒｙｕｋｙｕ企画）
徐玄九「東アジアの冷戦体制形成期における住民虐殺――沖縄・台湾・済州島を中心に」（『専修大学人間科学論集』４巻２号、二〇一四年）
平良好利「米軍基地問題は日本全体の問題だ 同情や批判にとどまらない挑戦を」（『Journalism』３０４号、二〇一五年九月、朝日新聞社）
田里修「地割についての諸問題」（田里修／森謙二編『沖縄近代法の形成と展開』榕樹書林、二〇一三年）
田代安定「八重山群島急務意見書」（一八八六年、成城大学民俗学研究所『傳承文化』７号・一九七一年所収）
玉城福子「死者のそばで私たちは何を語るのか」（『月刊 琉球』二〇一六年七月号）
俵義文「教科書は政府広報ではない」（『世界』二〇一五年六月号、岩波書店）
仲宗根勇「沖縄・辺野古――新しい民衆運動」（『季刊未来』二〇一六年冬・５８２号、未來社）
波平恒男「沖縄がつむぐ『非武の安全保障』思想」（島袋純／阿部浩己編『日本の安全保障４ 沖縄が問う日本の安全保障』）
林博史「日本軍と沖縄社会」（林博史編『地域の中の軍隊６ 九州・沖縄』吉川弘文館、二〇一四年）
比嘉幹郎「政党の結成と性格」（宮里政玄編『戦後沖縄の政治と法――１９４５‐７２年』）
福澤諭吉「宮古八重山を如何せん」（『時事新報』一八八六年九月二一日）
宮平真弥「一木喜徳郎の自治観と沖縄調査」（法政大学沖縄文化研究所『沖縄文化研究』26号、二〇〇〇年）
師岡康子「差別の撤廃に向けて――ヘイトスピーチ解消法成立の意義と今後の課題」（『世界』二〇一六年八月号）
矢野達雄「『沖縄近代法期』における地方制度の位置」（田里修／森謙二編『沖縄近代法の形成と展開』）
矢吹晋「領海ナショナリズムに溺れた日本人」（『週刊金曜日』二〇一六年七月二九日号）
吉浜忍「明治期の沖縄における海軍志願兵」（沖縄国際大学南島文化研究所『南島文化』24号、二〇〇二年）

宮平真弥（みやひら・しんや）
1967年、那覇市生まれ。沖縄県立首里高等学校、法政大学法学部卒。東京都立大学（現首都大学東京）大学院を経て、2001年より流通経済大学法学部専任教員。法政大学沖縄文化研究所兼任所員。専門は日本近代法史（小作権、入会権、温泉権）。
共著に『部落有林野の形成と水利』（御茶の水書房）、『現代日本のガバナンス』（流通経済大学出版会）など。

琉球《りゅうきゅう》独立《どくりつ》への本標《ほんしるべ》
――この111冊に見る日本の非道

2016年12月20日　初版第1刷発行
定価　1800円＋税

著　　者　宮平真弥

発 行 者　和田悌二
発 行 所　株式会社 一葉社
〒114-0024　東京都北区西ケ原1-46-19-101
電話 03-3949-3492 ／ FAX 03-3949-3497
E-mail : ichiyosha@ybb.ne.jp
振替 00140-4-81176
装 丁 者　松谷　剛
印刷・製本所　モリモト印刷株式会社

落丁・乱丁本はお取り替えいたします。
ISBN978-4-87196-062-5